Theodore
Dalrymple

Copyright © 2015 by Theodore Dalrymple c/o Writers Representatives LLC, New York. First published in the U.S. in English by Encounter Books. Todos os direitos reservados.

Copyright da edição brasileira © 2017 É Realizações

Título original: *Admirable Evasions – How Psychology Undermines Morality*

Editor | Edson Manoel de Oliveira Filho

Produção editorial e projeto gráfico | É Realizações Editora

Capa | Pedro Lima

Diagramação | Nine Design Gráfico / Mauricio Nisi Gonçalves

Preparação de texto | Edna Adorno

Revisão | Marta Almeida de Sá

Imagem da capa | *Freudian Slip*, by Loui Jover (image courtesy of Saatchi Art)

Reservados todos os direitos desta obra. Proibida toda e qualquer reprodução desta edição por qualquer meio ou forma, seja ela eletrônica ou mecânica, fotocópia, gravação ou qualquer outro meio de reprodução, sem permissão expressa do editor.

CIP-Brasil. Catalogação na Publicação
Sindicato Nacional dos Editores de Livros, RJ

D157e

Dalrymple, Theodore, 1949-
    Evasivas admiráveis : como a psicologia subverte a moralidade / Theodore Dalrymple ; tradução Julia C. Barros. - 1. ed. - São Paulo : É Realizações, 2017.
    104 p. ; 23 cm. (Abertura Cultural)

    Tradução de: Admirable evasions : how psychology undermines morality
    Inclui índice
    ISBN 978-85-8033-311-4

    1. Psicanálise. 2. Behaviorismo (Psicologia). I. Barros, Julia C. II. Título.

17-45035   CDD: 131.34
                                                           CDU: 133

28/09/2017   02/10/2017

É Realizações Editora, Livraria e Distribuidora Ltda.
Rua França Pinto, 498 – São Paulo – SP – 04016-002 – Caixa Postal 45321 – 04010-970
Telefax (5511) 5572-5363 – atendimento@erealizacoes.com.br – www.erealizacoes.com.br

Este livro foi impresso pela Intergraf Ind. Gráfica Eireli, em outubro de 2017. Os tipos usados são da família Sabon Light Std e Frutiger Light. O papel do miolo é o Polen Bold 90 g, e o da capa cartão Duo Design 250 g.

Theodore Dalrymple

EVASIVAS ADMIRÁVEIS
COMO A PSICOLOGIA SUBVERTE A MORALIDADE

Tradução de Julia C. Barros

Sumário

Prefácio à Edição Brasileira por Theodore Dalrymple 11
Prefácio 13

Capítulo 1 15
Capítulo 2 27
Capítulo 3 37
Capítulo 4 41
Capítulo 5 47
Capítulo 6 55
Capítulo 7 67
Capítulo 8 75
Capítulo 9 79
Capítulo 10 83
Capítulo 11 91

Índice Remissivo 97

Para Richard Latcham

O homem é o pobre centro das suas ações.
Francis Bacon

Ser bonito significa ser você mesmo. Você não precisa ser aceito pelas outras pessoas. Você precisa é se aceitar.
Thích Nahất Hạnh

...uma desculpa admirável do homem devasso – responsabiliza uma estrela por sua devassidão!
William Shakespeare

Prefácio à Edição Brasileira

Theodore Dalrymple

Recentemente estive em uma livraria em Sydney, Austrália, procurando livros sobre a fauna exótica e única desse país. Deparei-me com a descoberta de que havia mais livros sobre autoajuda psicológica do que de história natural e história da humanidade. Fiz questão de anotar alguns dos títulos. Aqui estão [em tradução livre]:

Tornando-se Seu Verdadeiro Eu
A Alegria da Assertividade
Escolhendo Seu Propósito Positivo
Mindfulness pra Quem Tem Pressa
Mindfulness em 6 Semanas
A Solução do Mindfulness
O Livro de Colorir do Mindfulness
O Milagre do Mindfulness
O Diário do Mindfulness
Mindfulness para Iniciantes
O Pequeno Livro do Mindfulness
Mil Caminhos para o Mindfulness
Mindfulness: Um Guia Prático para Encontrar a Paz num Mundo Frenético
A Felicidade e Como Ela Acontece

Isso em apenas uma prateleira da livraria. Depois disso, desisti: como um amigo americano costuma dizer, você não precisa comer o tablete inteiro de manteiga para saber que está rançosa. A evidente popularidade desses livros comprova duas coisas: o narcisismo e a continuada (e arraigada, porque é inevitável) insatisfação com a existência humana.

Eu não sabia se chorava ou se ria com essa grande enxurrada de asneiras. Entre as recomendações desses livros havia a de que você deveria "radicalmente se aceitar": uma forma de adulação de si mesmo que outrora teria sido considerada pouco atraente e moralmente vergonhosa.

O que esses livros tinham em comum era que havia uma solução técnica para os problemas da vida e que a solução fora descoberta pela ciência da psicologia. Isso é uma ilusão perpetuada depois de um século de muito esforço. Modas como a psicanálise e o behaviorismo foram passageiras; atualmente estamos diante da onda da neurociência. Mas o problema de como viver, por motivos metafísicos e outros, não é suscetível a uma resposta técnica, e a crença de que é só impede o avanço do conhecimento. Se a vida hoje em dia é melhor para milhões de pessoas, a psicologia praticamente em nada contribuiu para essa melhora. Os problemas remanescentes tampouco serão solucionados pela psicologia.

A psicologia tornou-se uma das áreas de estudo mais populares nas universidades ocidentais. Espero que este pequeno livro possa persuadir os brasileiros a não seguir essa onda inútil e, de fato, prejudicial.

Prefácio

Algo nos infortúnios dos nossos amigos não nos é de todo desagradável, escreveu o Duque de La Rochefoucauld quase três séculos e meio atrás. À primeira vista, a frase nos choca. Em seguida, nela nos reconhecemos. Algo de indecoroso a nosso respeito foi colocado em palavras, e se a nossa autorreflexão fosse mais profunda e honesta já saberíamos disso: logo, jamais poderíamos fingir que não passamos de seres complexos e contraditórios.

La Rochefoucauld foi capaz de colocar em palavras o que qualquer um saberia se "estivesse atento aos movimentos da própria mente", como Samuel Johnson apontou.[1] Os seres humanos foram além no seu autoconhecimento? Minha tese é que o progresso que ostentamos e pretendemos é na verdade, por mais incrível que seja do ponto de vista tecnológico, um retrocesso em termos de honestidade e sofisticação. A psicologia não é uma chave do autoconhecimento, mas sim uma barreira cultural para acessar essa compreensão; acredito que jamais conseguiremos chegar ao âmago do mistério. Não lamento esse fato, fico até contente.

---

[1] Samuel Johnson (1709-1784), crítico, biógrafo, ensaísta, poeta e gramático. Reconhecido como uma das maiores figuras das letras do século XVIII. (N. T.)

Capítulo 1

Se todos os antidepressivos e ansiolíticos fossem jogados ao mar, como Oliver Wendell Holmes certa vez sugeriu a propósito de toda a farmacopeia, se todos os livros didáticos de psicologia fossem suprimidos e destruídos, se todos os psicólogos deixassem de praticar, se todos os departamentos de psicologia fossem fechados, se toda pesquisa na área de psicologia fosse abandonada, se todos os termos psicológicos fossem eliminados do linguajar coloquial, a espécie humana ganharia ou perderia? Seria mais sábia ou mais tola? Seu autoconhecimento seria menor? Sua vida seria pior?

Claro que não é possível dar uma resposta definitiva a nenhuma dessas perguntas: o experimento não pode ser feito. Mas seria de muita audácia afirmar que o autoconhecimento do homem é maior agora que no tempo de Montaigne ou Shakespeare. Quantos se atreveriam a afirmar em público que têm mais *insights* sobre os seres que os cercam que o Cisne de Avon? Ririam de nós, nos cobririam de ridículo e seríamos expulsos do palanque; e com razão. Essa seria a recompensa de tamanha arrogância. Já em relação à melhora de vida, quanto dessa melhora pode ser atribuído à psicologia? Nossa dívida para com o aperfeiçoamento do sistema de esgotos é incomparavelmente maior que para com a psicologia.

Ainda assim, reivindicações implícitas a uma superioridade de conhecimento e compreensão não são incomuns. Mais de uma escola de psicologia alega ter acessado de maneira inédita a natureza humana, o comportamento, a emoção e a aflição. Em 1802, o fisiologista Pierre-Jean-Georges Cabanis afirmou com convicção que o cérebro secreta o pensamento como o fígado secreta a bile. Duzentos anos depois, o aclamado neurocientista V. S. Ramachandran disse essencialmente a mesma coisa, ainda que com mais palavras, como se a verborragia indicasse progresso:

> Mesmo que seja conhecimento comum, nunca deixo de me espantar com a riqueza da nossa vida mental — todos os nossos sentimentos, emoções, pensamentos, ambições, vida amorosa, religiosidade e até mesmo o que consideramos a dimensão mais íntima do nosso ser — trata-se simplesmente da atividade destes pontinhos gelatinosos na nossa cabeça, nosso cérebro. Nada mais há.

Depreende-se que tudo no autoconhecimento humano é escancarado e certeiro; só faltam alguns detalhes. Logo, se as pesquisas tiverem financiamento suficiente não mais haverá enigmas nem surpresas desagradáveis, não haverá dilemas aflitivos a respeito da existência humana; a questão do bem-estar terá sido finalmente resolvida de maneira indiscutível e científica, sem a necessidade de infinitas especulações metafísicas que não têm como ser comprovadas. Para entender as pessoas, não será mais necessário perdoar tudo, pois não haverá nada a ser perdoado, todos se comportarão de maneira razoável, de acordo com os ditames de uma vida boa e cientificamente comprovada como tal. A história chegará ao fim não pela virtude do triunfo de uma democracia liberal difundida no mundo, mas pelo triunfo da psicologia e da neurociência. O homem não transmitirá mais a miséria ao homem, como no poema de Larkin; ele passará o conhecimento, conhecimento e sabedoria que, a essa altura, serão contíguos. O conhecimento secretará sabedoria como o fígado secreta bile.

Eu não acredito nisso e não estou certo de que gostaria de morar num mundo assim. Que chatice! A vida seria um eterno cruzeiro no Caribe a bordo de um navio de luxo num mar calmo com tempo estável. O ser humano se entediaria com a falta de motivos para a infelicidade e logo afundaria o barco em que estivesse navegando; pois o homem não é um animal que resolve problemas, mas sim um animal que os cria. Pascal afirmou que todas as desgraças do homem advêm da sua inaptidão de ficar sentado quietinho numa sala; porém, ele não alega ter encontrado uma maneira de capacitar o homem para fazer isso nem sugere que essa inabilidade deixe de ser a sua natureza inerente.

O primeiro esquema psicológico do século XX a dar ao homem comum a ilusão de maior autoconhecimento, ainda que incompleto, junto com a esperança de uma existência livre do conflito interno e externo, foi a psicanálise. Em seguida, veio o behaviorismo, depois a cibernética. A sociobiologia e a psicologia da evolução vieram na sequência; e agora a geração de imagens neurocientíficas, com um pouco de neuroquímica leve, busca nos convencer de que estamos prestes a arrancar o âmago do nosso mistério. Basta afirmar que, em virtude do esvaziamento de expectativas exageradas, 10% ou mais da população agora toma antidepressivos, número que impressiona ainda mais se considerarmos que faltam evidências de que os antidepressivos funcionam a não ser na minoria dos casos; muito pelo contrário. Serem ingeridos em grandes quantidades comprova uma insatisfação, um descontentamento com a vida em vez de maior compreensão de suas causas, bem como a disseminação da superstição em relação aos neurotransmissores e o chamado "desequilíbrio químico". Estes últimos são para a pessoa moderna o que os espíritos alienígenas a exorcizar, o ego, o id ou o superego já foram: coisas que não podem ser vistas mas nas quais se acredita fortemente, pois proveem explicações para sentimentos indesejados, experiências e comportamentos, bem como a esperança de que sejam eliminados. A superstição surge eterna no peito humano tal como a esperança.

O freudismo nos parece tão absurdo hoje, tão evidentemente falso, que esquecemos o poder que tinha sobre a concepção de nós mesmos há apenas algumas décadas. W. H. Auden tinha razão em dizer, no seu poema que marca a morte de Freud, que ele era um "total clima de opinião" e que se estivesse, na opinião do poeta, "muitas vezes [...] equivocado e às vezes absurdo, estava no caminho certo e ampliou o nosso autoconhecimento, pois:

O mundo que ele mudou
Simplesmente ao olhar para trás sem se arrepender;
Tudo que ele fez foi se lembrar
como os velhos e ser honesto como as crianças.

Seria difícil colocar em poucas palavras algo mais irrelevante a respeito de Freud, algo que seja mais oposto à verdade que esses versos, que apreendem e ao mesmo tempo endossam tão precisamente a ilusão de uma era.

Freud era indiscutivelmente brilhante, muito culto e bom escritor; mas sua carreira, quando ele parou de estudar o sistema nervoso das enguias, sem dúvida pertencia mais à história de técnicas de autoaprimoramento e da fundação de seitas religiosas do que à ciência. É historicamente comprovado que tinha o hábito de mentir, que fabricava provas tanto quanto Henry Ford fabricava carros; era um plagiador que não só não reconhecia como deliberadamente negava a origem das suas ideias; ele acreditava em absurdos evidentes, como atesta a sua relação com Wilhelm Fliess; era um mitólogo que se engrandecia e um desavergonhado manipulador de pessoas; nas finanças, era ávido e inescrupuloso; fundador de uma seita doutrinária e useiro e vezeiro de fofocas que não tolerava oposição ou competição, evocava anátemas para os infiéis com a mesma intolerância de Maomé; em suma, era para a autocompreensão humana o que o fraudulento Homem de Piltdown foi para a antropologia física. Considere a profundidade e sensibilidade de Freud: quando ele disse que a manutenção da civilização dependia da repressão e da frustração deliberada do desejo, não teria sido necessária uma análise profunda da psique humana para chegar a essas conclusões, pois estavam disponíveis para qualquer pessoa razoavelmente inteligente que se prestasse a entender a condição humana; tampouco eram originais, longe disso; eram lugares-comuns de um milhão de sermões.

As reivindicações de Freud de que foi um cientista não resistem ao escrutínio, e seus escritos são tão pouco convincentes que sua aceitação chega a ser um enigma histórico. (Quando ele chegou à Inglaterra como refugiado da Áustria, imediatamente se tornou membro da Royal Society, a mais alta honraria científica que o país tem a oferecer.) Ler o prolongado histórico de casos de Freud implica questionar a ausência de conclusões, as afirmações ou provas de confiança, o ilógico, os argumentos repletos de autoritarismo, que porém não foram, pelo visto, aparentes para gerações de leitores. E apesar de Freud ser pessoalmente conservador em maneiras e moralidade, exceto no adultério incestuoso com a cunhada, seu efeito, se não sua intenção, foi afrouxar o senso de responsabilidade do homem para com as próprias ações eximir-se da responsabilidade como a liberdade mais valorizada de todas, embora essa liberdade seja metafisicamente impossível de ser conquistada. Freud alienava os homens da sua própria consciência, alegando que o que acontecia na mente consciente deles era um jogo de sombras e que a ação real residia nas profundezas do ainda não descoberto (e sem poder ser) – a não ser investindo horas falando de si mesmo na presença de um analista que, de tempos em tempos, ofereceria uma interpretação do real significado da não aceitação, que então seria interpretado como resistência, com a necessidade de mais análise e assim por diante, mais ou menos *ad infinitum*.

Havia muito tempo que já não era segredo que os homens nem sempre atuam pelos motivos que alegam, que facilmente enganam a si mesmos e aos outros, que seus motivos são frequentemente (mas nem sempre) secretos, misturados e desonrosos, e que projetam seus desejos ilícitos uns nos outros. O rei Lear, cujas palavras foram escritas quase trezentos anos antes das "revelações" de Freud, disse:

Por que chicoteias essa prostituta? Desnuda tuas próprias costas.
Pois ardes de desejo de cometer com ela o ato
pelo qual a chicoteias.[1]

Ninguém certamente chegou à vida adulta sem ter percebido que a existência humana não é um livro aberto, que muito de nós mesmos e dos outros nos é ocultado; criaturas dotadas de razão e poder de autorreflexão podem certamente atinar que com frequência é possível fazer uso do pensamento para descobrir muito a respeito de nós mesmos e dos outros

---
[1] Todas as citações de Shakespeare foram traduzidas por Millôr Fernandes. (N.T.)

que não era imediatamente evidente, e que quanto mais honestos e mais competentes nos tornarmos na reflexão, mais coisas descobrimos.

Mas psicanálise não é reflexão, e sim uma superficial divinação agnóstica. Inicia-se com a hipótese de que todos os pensamentos nascem de maneira igual, pelo menos na importância psicológica mais profunda, e que a tentativa consciente de discipliná-los, de separar o falso do verdadeiro, o importante do trivial, o útil do inútil, inibe e impede o autoconhecimento. A única disciplina necessária para alcançar o conhecimento de si mesmo é o abandono da disciplina (associação livre), o que não é fácil de atingir por pessoas inteligentes que até então partiam do pressuposto de que o pensamento disciplinado é almejado e importante.

O resultado foi e é demasiadamente previsível. A psicanálise, assim como a morte, torna-se um destino sem volta para o viajante: e como qualquer coisa que se consome por um longo tempo, a preocupação com pequenas mudanças na vida vira um hábito bastante irritante, que inibe o interesse e passa a fazer parte do mundo maior. É um foco de atenção empobrecido para o homem, o si-mesmo; em comparação com a psicanálise, a haruspicação e a hepatoscopia (respectivamente, adivinhação por meio das entranhas e do fígado de animal sacrificado) são inofensivas ao caráter; por mais absurdo que pareça, elas são ao menos limitadas no tempo. A psicanálise se torna um hábito intrínseco que deve ser superado, muitas vezes, com grande dificuldade, para que a pessoa e análise não atormente a si mesma e aos outros para o resto da vida, buscando o significado oculto de funções fáticas como "bom dia" ou "tudo bem com você?" (tão facilmente interpretados como o desejo de que a pessoa abordada morra). É bem verdade que Freud uma vez afirmou que às vezes um charuto é apenas um charuto – e essa escolha de objeto não foi acidental, já que ele era fumante inveterado de charutos –, mas ele não apresentou um critério para distinguir quando um charuto é apenas um charuto e quando se trata de um símbolo fálico que recebe felação (presumidamente quando fumado por outros, jamais por ele mesmo). O mundo para o analisando parece um infinito regresso de símbolos, um labirinto, uma sala de espelhos em que as imagens dele mesmo se estendem na confinada infinitude da sua câmara espelhada. Se a psicanálise tivesse sido inventada pelos homens das cavernas, a humanidade ainda moraria nas cavernas.

Não quero dizer com isso que a mente humana é direta e franca, que temos consciência imediata o tempo todo de todas as motivações de nossos pensamentos e ações. Um momento de reflexão deveria ser suficiente para demonstrar que isso não é possível. Não sabemos nem de onde vêm nossos pensamentos: mas sabemos que podemos pensar, que podemos direcionar e disciplinar nossos pensamentos quando surgem, checar-lhes a veracidade, a decência, a consistência, etc.

Também é verdade que nossas falas, até mesmo as mais triviais, podem às vezes intencionalmente deixar de revelar algo importante a respeito da forma como pensamos. Por exemplo (um que já utilizei anteriormente), uma pessoa ao esfaquear outra diria "a faca entrou". Não é um palpite maluco a afirmação de que essa maneira de descrever a situação distancia o perpetrador da responsabilidade por sua ação, uma reflexão desagradável e repleta das mais árduas consequências legais que faz com que uma ação voluntária e até premeditada se torne obra do acaso determinada pela disposição de objetos físicos. A faca guiou a mão e não a mão guiou a faca; como Edmundo (em *Rei Lear*) aponta: "É a admirável desculpa do homem devasso – responsabiliza uma estrela por sua devassidão!". Fazemos isso o tempo todo na vida; nossa primeira resposta quando acusados (por nós mesmos e pelos outros) é encontrar circunstâncias que justifiquem o ocorrido, e explicá-lo a ponto de nos isentar da responsabilidade. Mas graças à habilidade sutil e maravilhosa da mente de pensar em linhas paralelas e simultâneas, ainda temos uma vozinha a nos alertar que nossas desculpas são esfarrapadas. É por isso que tanta raiva é ao mesmo tempo real e simulada, espontânea e deliberadamente gerada. Mas não precisamos da psicanálise para nos revelar nada disso, e é igualmente óbvio que devemos exercitar o juízo ao atribuir motivos velados. Às vezes uma circunstância mitigante é apenas uma circunstância mitigante (é claro que ninguém busca mitigar suas boas ações).

Toda doutrina ou filosofia se insinua na cultura por meio de boatos e da persuasão gerada pela leitura de textos fundantes e até subsequentes: é por isso que o "clima de opinião" de Auden é tão exato. E as lições advindas da doutrina insinuada podem não ser como o fundador intencionava ou endossaria. No caso da psicanálise, as lições de maior popularidade eram as de que toda fala tinha um significado profundo; que tudo que era dito era instinto com significado oculto; que todos os desejos humanos eram de natureza sexual; que os desejos humanos atuavam de maneira hidráulica e, como os líquidos, não podiam ser comprimidos, de modo que, se não fossem realizados, se manifestariam de alguma outra maneira patológica; logo, a frustração do desejo era fútil e perigosa; e assim que a suposta causa biográfica de um sintoma patológico, enterrado nas profundezas do passado do indivíduo, fosse revelada depois de muito escavar os sedimentos da mente, o sintoma cessaria sozinho, sem a necessidade do esforço de autocontrole do indivíduo.

A primeira lição, o sentido profundo de cada pronunciamento e seu suposto espalhamento com significado oculto, conduz naturalmente a uma mistura de trivialidade e paranoia: trivialidade porque dissolve a distinção entre o trivial e o significativo, o trivial que alcança a voz com mais facilidade que o significativo; e a paranoia porque os significados ocultos são buscados em todos os lugares, já que se presume que existem e que precisam de interpretação. As ações boas e as más já não são simplesmente boas ou más, são mais do que aparentam, e podem até mesmo ser o oposto. Logo, a bondade (nos outros) se torna uma agressão oculta, e a grosseria (em si mesmo) se torna uma defesa contra a força da generosidade de sentimento. A trivialidade tem recebido, é claro, enorme fomento das chamadas redes sociais, em que o contrato social foi reescrito e agora afirma "Fingirei estar interessado na sua trivialidade se você fingir estar interessado na minha" – o que, para começo de conversa, não acredito ser trivialidade, pelo menos não a *minha* trivialidade. Sou homem, escreveu Terence; nada que é humano me é desinteressante. Graças ao progresso fabricado no autoconhecimento do ser humano pela psicanálise, nosso *dictum* mudou. Agora é: Sou homem; nada que é meu me é desinteressante.

Esse desejo, se não for realizado, levará a uma patologia em que a autoindulgência é a grande meta do homem. É uma espécie de traição a si mesmo, e possivelmente aos outros, negar a si mesmo o que quer que seja. Logo, há hora e lugar para tudo; a hora é agora e o lugar é aqui.

Não é de surpreender que uma atitude como essa deva acabar com uma enorme e difundida dívida pessoal. Quando um cartão de crédito novo foi lançado na Grã-Bretanha, seu *slogan* publicitário era "remove o esperar do querer". O que é esperar pelo que se quer senão uma forma de frustração? E se a frustração do desejo é a raiz da patologia, então o cartão de crédito deve ser a cura de muitas patologias. William Blake, poeta inglês, não disse "Quem deseja mas não age gera a pestilência" e "Melhor estrangular o bebê no berço que nutrir desejos não concretizados"? A estrada rumo ao paraíso é pavimentada com desejos realizados, e a que ruma para o inferno com desejos frustrados. Que terrível então que pais de crianças devam ficar juntos pelo dever quando um deles "precisa de espaço" porque "não está funcionando". Como me disse um paciente depois de estrangular a namorada: "Tive de matá-la, doutor, ou não sei o que teria feito". Algo grave, talvez.

Quanto à natureza automaticamente curativa do tesouro psicológico enterrado, acredita-se nela como os religiosos acreditavam no poder milagroso das imagens. Na verdade, trata-se da desculpa soberana para continuar a fazer o que você sabe que não deve fazer, pois é óbvio que um tesouro enterrado supostamente libertador pode permanecer enterrado para sempre, por mais que você escave. O fato de que o seu mau comportamento ou hábito, o que quer que seja, continue a despeito da escavação psicológica é uma evidência *ipso facto* de que o tesouro enterrado não foi achado e que a busca deve continuar porque ele está muito fundo. Trata-se de um ridículo e desonesto *pas de deux* entre o terapeuta e o paciente, no qual eles buscam o que não está presente e a ausência jamais pode ser provada. Não surpreende, portanto, que Freud tenha escrito no fim da vida um ensaio intitulado "Análise Terminável e Interminável", que suscitou a possibilidade, certamente de grande apelo para alguns pacientes, de falar sobre si mesmos para sempre.

É claro que se pode dizer que a deformação popular de uma ideia ou prática não invalida a ideia ou prática; mas eu me preocupo, neste pequeno livro, justamente com o efeito global na sociedade da psicologia como uma disciplina ou um modo de pensar. De qualquer modo, ao considerarmos os efeitos da psicanálise sobre aqueles que se presumia terem um conhecimento mais detalhado, verdadeiro ou exato (se é que o conhecimento de uma doutrina escorregadia como a psicanálise pode ser chamado de verdadeiro ou exato), o cenário não é mais encorajador; por exemplo, nove dos primeiros psicanalistas vienenses, um em dezessete deles, cometeram suicídio. As relações pessoais desses primeiros psicanalistas, além disso, não eram boas referências, consistiam basicamente em traição, inveja, denúncias para as autoridades (ou seja, para Freud), excomunhão, adultério. Relações como essas não seriam relevantes se, digamos, o assunto do grupo fosse meteorologia, ou astrofísica; mas certamente temos o direito de esperar que pessoas que se dizem especialistas sem precedentes das relações humanas, com *insights* excepcionais a respeito da psicologia dos outros seres humanos, demonstrem sabedoria na condução da própria vida. Claro, é possível que fossem pessoas particularmente irrequietas para começar, o que explica terem sido atraídas para a psicanálise; mas o mínimo a dizer é que a psicanálise não parece ter surtido muito efeito, nem ter promovido uma evolução. A psicanálise tampouco parece ter conferido sabedoria ou *insight* a assuntos mais amplos: até 1938 Freud alegava que seu *verdadeiro* inimigo não eram os nazistas, e sim a Igreja Católica.

Quanto aos analisandos, você depara com pessoas que alegam que a vida delas melhorou graças à análise, mas isso não comprova que a afirmação é necessariamente verdadeira, tanto quanto a recente conversão à opinião do islã do Alcorão não comprova as profecias de Maomé. Um pouco do que se gosta pode fazer bem, mas isso não torna a coisa verdadeira.

Na minha experiência pelo menos, a análise tem efeitos tanto nocivos quanto benéficos (estou sendo comedido). Ela faz com que as pessoas se voltem permanentemente para dentro e arranca a individualidade da sua linguagem e a substitui por um jargão impessoal. Muitas vezes é como se elas tivessem sido submetidas a um tipo estranho de lavagem cerebral. O filósofo Karl Popper acusou Wittgenstein de sempre limpar as lentes dos óculos sem olhar através delas; isso pode ser dito das pessoas que passaram por psicanálise. E Freud descobriu um método brilhante de manter os analisandos leais (não estou afirmando que fez de propósito): se o tratamento for caro e longo o suficiente, as pessoas sempre chegarão à conclusão de que ele foi de alguma forma benéfico, pois de outra forma teriam desperdiçado tempo e dinheiro e pareceriam tolas, até mesmo aos próprios olhos.

Recentemente me enviaram para análise um livro de autoria de uma mulher que esteve em análise durante vinte anos, com quatro ou cinco sessões semanais, totalizando cerca de quatro mil horas. Quatro mil horas falando de si mesma! Nota dez para a perseverança, mas não para o assunto. É lógico que não dá para responder definitivamente se foi mesmo benéfico. Como ela seria sem a análise é também uma especulação infrutífera. A autora Barbara Taylor é uma historiadora que não sofreu grandes traumas na vida a não ser os decorrentes da sua própria personalidade e as devidas consequências. No livro ela registrou parte de sua interlocução com o analista, que parece ser muito mais comunicativo, ainda que não necessariamente mais profundo, nas suas falas do que a maioria dos analistas ortodoxos. Presumo que ela tenha transcrito os diálogos imediatamente depois de ocorridos:

ELA: Por quê [continuo vindo a estas sessões]? Pra me torturar, é isso?

ELE: Às vezes.

ELA: Que outro motivo teria? Por que continuo vindo aqui? Só estou sofrendo mais! Por que continuo vindo aqui?

ELE: Você tem motivos diferentes dependendo do momento.

ELA: Que motivos?

ELE: Bem... para se vingar dos seus pais. Para se vingar de mim, o representante atual deles.

ELA: Ah, sim. [Já ouvi isso tantas vezes, não quer dizer nada.]

ELE: E porque você está esperando um milagre.

ELA: Um milagre? [Isso é mais interessante. Ele está oferecendo um milagre, é isso? Talvez tenha algo que ele possa fazer por mim que ele não fez ainda.]

ELE: Sim, um milagre que fará de você o bebê que a sua mãe realmente queria, o tipo de bebê que ela realmente poderia amar, para que ela realmente cuidasse de você.

ELA: Ah, esse milagre. [Por que nunca aparece nada de novo?]

ELE: E às vezes é porque você quer saber a verdade.

ELA: Verdade? Que verdade?
ELE: Sobre o que aconteceu com você.
ELA: Eu sei o que aconteceu comigo.
ELE: Sabe?
ELA: [Sei?]

Isso, presumo, devem ter sido os destaques de vinte anos de análise, ou não teriam sido selecionados e incluídos no livro. Por trás da auto--obsessão da analisanda e da banalidade portentosa das interjeições do analista está a ideia, que se autojustifica, de que somos vítimas do passado, sobre o qual nada podemos fazer (a não ser que paguemos quatro mil sessões a um analista). O psicanalista britânico Adam Phillips escreveu, no livro *Becoming Freud*, que a infância é inerentemente catastrófica, e o passado é, em sua frase tipicamente deselegante, "não passível de recuperação". (Aparentemente a psicanálise faz maravilhas para o estilo de prosa dos homens: tudo é labiríntico e sem sutileza.) Não há lugar para a atuação humana, com exceção do tipo que o leva a falar de si mesmo na presença de outra pessoa durante vinte anos. Não há como a superficialidade ser mais arraigada.

Capítulo 2

A pesar de o freudismo ter reinado no poleiro psicológico ao longo de muitas décadas e de ter conquistado a lealdade daqueles – sempre em grande quantidade – que buscam escapar do fardo terrível, e da glória, de ser humano (isto é, de ter de escolher a todo instante como agir e responder às circunstâncias e, logo, ser ao menos parcialmente responsável pelo próprio destino), nunca foi sem oponentes, inimigos ou resistência. (Não quero aqui me referir à resistência no sentido analítico, mas sim à recusa do analisando de aceitar uma interpretação do seu analista, recusa vista por este como uma confirmação da sua verdade; que obviamente não é uma maneira de gerar autocrítica entre os analistas, para dizer o mínimo.)

Não, a resistência à psicanálise como doutrina e método surgiu por causa das suas inadequações intelectuais, que eram, ou deveriam ter sido, evidentes desde o início. Ela não propunha nenhum critério de verdade para distinguir uma interpretação verdadeira de uma falsa, nem mesmo uma plausível de uma implausível, o que era uma deficiência tão grave que invalidou as repetidas reivindicações da psicanálise de ser uma ciência. As interpretações se baseavam na teoria, e a teoria (supostamente) nas interpretações, uma circularidade da qual não se tem escapatória: a despeito da expedição de Malinowski às Ilhas Trobriand para buscar o complexo de Édipo entre os seus habitantes da Idade da Pedra, nunca houve nem haverá evidências independentes dos constructos intelectuais da psicanálise. Era um sistema fechado em que a crença *a priori* era um ato de fé.

A indisciplina intelectual e a impotência clínica da psicanálise tiveram como reação uma psicologia sem reflexão – uma psicologia que excluía a mente –, que se tornou bem popular e acabou se desenvolvendo numa ortodoxia, pelo menos entre os psicólogos, com uma igrejinha própria. Os dados da consciência, pronunciaram os papas do behaviorismo, não eram suscetíveis à verificação científica; logo deveriam ser excluídos da investigação científica. A psicologia deveria estudar apenas os dados e resultados verificáveis e mensuráveis, estímulo e resposta, pois o que ocorria entre um e outro, os estímulos e as respostas, revelou-se inacessível para verificação e medição. Era pior que a caixa-preta do voo MH370: não só não foi encontrada, era inerentemente inencontrável.

O que começou como metodologia tornou-se ontologia. Um adágio antigo do diagnóstico médico diz que a ausência de evidências nem sempre é a evidência de ausência, mas os behavioristas ignoram esse sábio chamado para a modéstia. Em vez disso, começaram a acreditar que estímulo e resposta era só o que havia na vida humana, que tudo que é humano pode ser explicado dessa maneira. Embora risível, isso foi levado extremamente a sério por muitos. Um intelectual podia quase ser definido como uma pessoa que segue um argumento a uma conclusão absurda e acredita na conclusão.

O behaviorismo não deixou de ser bem-sucedido em alguns aspectos, contudo, e não só no enfoque institucional com o qual a psicanálise certamente se divertia. Sua teoria foi usada, por exemplo, para ensinar pombas a jogar tênis de mesa. Quem diria ser possível ensinar pombas a jogar tênis de mesa? Na verdade, não estou certo de que dá para ensinar: o tênis de mesa envolve mais que meramente bater uma bola de um lado a outro por cima de uma pequena rede esticada sobre uma mesa verde, apesar de ser impressionante que uma pomba tenha mais essa habilidade. Entre outras coisas, o tênis de mesa real abrange o desejo de vencer algo abstruso como um jogo, um desejo que é difícil de acreditar que as pombas tenham; e que também saibam as regras. Provavelmente nenhuma pomba sabe registrar os pontos nem celebrar a vitória ao chegar aos 21 pontos. Em outras palavras, não demonstrará nenhum sinal de comportamento que indique que compreendeu o significado do que está fazendo. O behaviorismo ocasiona a sistemática negação do resultado, uma negação que violenta as evidências e a experiência cotidiana da humanidade.

Atualmente talvez seja difícil de acreditar que o comportamento humano possa ser explicado pelo esquema de estímulo e resposta, levando à aversão ou ao reforço. Seus pressupostos e generalizações podem nos parecer ingênuos a ponto de ser ridículos. No que pode ser denominado Manifesto Behaviorista, escrito em 1913 pelo fundador do behaviorismo, John B. Watson, lê-se:

> A posição adotada aqui é a de que o comportamento do homem e o comportamento dos animais devem ser considerados no mesmo plano; sendo igualmente essenciais para a compreensão geral do comportamento. Pode-se eliminar a consciência no sentido psicológico.

E enquanto admitia que:

> A psicologia como comportamento terá de negligenciar apenas alguns dos problemas realmente essenciais com que a psicologia como ciência introspectiva agora se preocupa

continuou de maneira otimista (ou pessimista?) para então afirmar que:

> Com toda a probabilidade até mesmo esse resquício de problemas pode ser formulado de tal forma que métodos refinados de comportamento (que certamente virão) levarão à solução de tais problemas.

Watson não deixava de ser um grande tirador de conclusões, tal como Freud. Em seu famoso ensaio de 1920 sobre o caso do pequeno Albert, ele e a coautora, e futura esposa, relataram como ele condicionou um bebê de onze meses a temer um rato branco fazendo um som estridente ao mostrar-lhe o animal.

Watson testou o bebê por quase um mês depois de cessar o condicionamento, mas o pequeno Alberto ainda demonstrava uma resposta condicionada ao rato, apesar de ser nula em comparação com a resposta condicionada imediatamente depois do experimento. Watson afirma com convicção:

As perturbações emocionais nos adultos não podem ser traçadas e atribuídas somente ao sexo. Precisam ser retraçadas ao longo de três linhas colaterais – a respostas condicionadas e transferidas na infância e juventude em três das emoções humanas fundamentais.

Os humanos, na perspectiva behaviorista, não passam de pombas glorificadas que jogam tênis de mesa. Quando o comportamento de alguém era explicado pelos seus processos mentais, um dos mais influentes dos behavioristas subsequentes, B. F. Skinner, perguntava por que alguém buscaria a explicação da explicação. De acordo com ele, a discussão sobre experiência subjetiva e consciência sufocou o aprofundamento da investigação. É claro que temos aqui um equívoco. A psicanálise pode ter feito reivindicações absurdas, o anúncio prematuro de uma compreensão, mas ninguém pode dizer que não buscou explicar os pensamentos que as pessoas têm. O comentário de Skinner, além disso, sugere que ele pensava ter encontrado, se não a explicação completa da vida humana, pelo menos o princípio fundamental de tal explicação. Tudo que faltava era um singelo detalhe: por exemplo, como os quartetos tardios de Beethoven eram uma resposta condicionada às circunstâncias então enfrentadas por Beethoven.

O comentário de Skinner sugere também que uma explicação do tipo que ele buscava existe e está disponível para os seres humanos. Esse pode não ser o caso por razões metafísicas. Se os argumentos metafísicos que suscitaram essa conclusão eram corretos – de que de fato a humanidade jamais conseguirá arrancar o âmago do próprio mistério como se os homens fossem espécimes de laboratório –, os esforços de explicar a humanidade para si mesma, o tipo que Skinner aprovaria, são fundamentalmente equivocados e falíveis. Infelizmente, um erro como esse não se confinaria à esfera intelectual e certamente transbordaria para o mundo "real" da ação e da política. O próprio Skinner era bem claro: ele achava que uma sociedade poderia ser erigida – se não agora, em algum momento não muito distante – sobre os princípios behavioristas. Tudo que precisamos fazer é escolher uma meta e condicionar as pessoas a atingi-la. É claro que não havia questões metafísicas a respeito de que meta escolher, ou quem condicionaria os condicionadores. Skinner escreveu um romance utópico,

Walden 2, para ilustrar a sua teoria de uma sociedade racionalmente criada. Parece-me tão realista quanto as utopias socialistas iniciadas no Paraguai no fim do século XX. Talvez a maior conquista de Skinner tenha sido estimular a resposta de Anthony Burgess ao behaviorismo em *Laranja Mecânica*, em que Alex é condicionado a abandonar o seu amor pela música clássica por meio de choques elétricos administrados enquanto ele escuta a *Nona Sinfonia*, de Beethoven.

A psicologia da caixa-preta como produto cultural nos parece atualmente tão bizarra quanto a frenologia ou o espiritismo. Na sua feroz determinação de eliminar do estudo a única coisa (até onde sabemos, apesar de que em algum lugar do Universo deve haver outros seres humanos como nós) que agrega valor ao Universo (eu colocaria a frase entre parênteses aqui para ficar mais claro), a autoconsciência humana, consegue ser mais puritana que os puritanos. A alegação de que os conteúdos da consciência não podem ser estudados cientificamente e que, logo, não deveriam ser objeto de estudo foi apenas um pequeno passo para a negação da existência ou da importância da consciência humana. Claro, se fosse realmente verdade que o conteúdo da consciência não pode ser cientificamente estudado, haveria outra conclusão possível: a tentativa de uma psicologia científica que explica o homem para si mesmo está fadada ao fracasso. A coisa que nos é mais importante está fora do nosso alcance. A história da psicologia remete ao mito de Sísifo: punido pela sua malícia, foi obrigado a empurrar uma pedra até o cume de uma montanha, e toda vez que quase alcançava o topo ela rolava de volta montanha abaixo. A psicologia repetidamente anuncia grandes avanços na compreensão humana, mas o anúncio se revela prematuro e outra escola imediatamente se apresenta com o que pode ser chamado de ruptura autopromocional.

Isso não quer dizer que o behaviorismo não foi em nenhum sentido um avanço em relação à psicanálise. Teve seus limitados sucessos. Por mais que a administração de estímulos aversivos a homossexuais e alcoólatras não os tivesse "curado" (choques elétricos ao lhes mostrarem imagens sexualmente excitantes no primeiro caso e o uso de uma droga, apomorfina, que causava náusea na apresentação de imagens relativas a álcool no segundo, com a justificativa de que um pouco do que enoja faz bem), fobias específicas (em relação a aranhas) responderam de fato relativamente bem ao tratamento com princípios behavioristas. Isso significava que os pacientes já não precisavam buscar, de maneira tediosa e cara, o tesouro psicológico enterrado do significado simbólico do medo de aranhas, e sim perder o medo irracional, que pode chegar a ser paralisante. Confrontados com as evidências de que este era o caso, os psicanalistas prontamente concordaram, com a astúcia de quem teve sua teoria refutada pelas evidências, que, a não ser que o tesouro enterrado fosse encontrado, a fobia seria substituída por algum outro sintoma, provavelmente pior que o original. Nenhuma substituição de sintoma jamais foi encontrada, mas é claro que para a psicanálise alguns sintomas estão submersos demais para ser vistos, exceto para si própria.

O behaviorismo era um sintoma da perpétua impaciência metafísica do homem. Todo homem tem apenas o tempo da sua própria vida para entender a si próprio, e da mesma forma que nas numerosas guerras estrangeiras expedicionárias, há forte tentação de declarar vitória e voltar para casa. Partindo do fato de que o condicionamento indubitavelmente existe, tira-se a conclusão um tanto abrangente de que apenas o condicionamento existe, e essa é a explicação para tudo que remete ao ser humano. Os seus proponentes, que reinaram por algum tempo nos departamentos de psicologia das melhores universidades, nunca se deram realmente conta do absurdo completo que era isso, muito menos do tamanho da violência sobre a experiência humana. Tratavam a vida humana como se fosse um caso vastamente expandido de aracnofobia. A vida poderia ser aperfeiçoada pela judiciosa combinação de choques elétricos e bolas de comida.

O behaviorismo era apenas mais um exemplo de uma tentação de que são vítimas todos os intelectuais: os "ismos". A história nada mais é que o choque de interesses de classes, o comportamento humano nada mais é que a resposta a incentivos econômicos, etc., etc. Claro, não é preciso muito conhecimento ou reflexão (ou questionamento de si mesmo) para concordar que as pessoas muitas vezes respondem a incentivos econômicos, mas considerá-los uma explicação para tudo, e consequentemente para toda a história, é tão absurdo quanto a crença de que a *Missa em Si Menor* era apenas uma sublimação do desejo sexual não assumido de Bach por sua mãe, ou a resposta condicionada à morte de Frederico Augusto II, eleitor da Saxônia.

A busca pelas partículas elementares da existência humana não obedece ao preceito bíblico *Buscai e achareis*, e sim ao princípio epistemológico procustiano menos glorioso *Achai e buscareis*. Assim que a pessoa metafisicamente impaciente tiver encontrado o seu princípio norteador e explanatório, ela conseguirá explicar tudo por meio dele: quanto mais explicar, mais inebriante lhe parecerá o princípio.

Outro fenômeno curioso na história do pensamento psicológico é a recorrência de uma personalidade poderosa ou egomaníaca que nega a realidade da identidade pessoal. David Hume, que definitivamente não era egomaníaco, negou a realidade da identidade pessoal porque não encontrava um Eu que fosse independente do conteúdo atual da consciência daquele Eu. O que exatamente é o Eu que me conecta com quem sou hoje e com quem fui ontem? Não pode ser concebido, diz Hume, na ausência de toda a experiência; logo, o Eu não é nada que subsista. Você não pode adentrar o mesmo rio duas vezes, diz Heráclito; você não pode ser a mesma pessoa em dois momentos diferentes. Se o tempo e a experiência naquele tempo são indivisíveis, você não pode ser uma pessoa. (Você não consegue entrar no rio uma única vez, que dirá duas.) Especula-se se um dia um criminoso ou o advogado que vai defendê-lo alegará que o objeto na doca – para ser consistente, seu defensor não pode chamá-lo de pessoa – não pode ser punido porque ele não é a pessoa que cometeu o ato. Não há ato a ser punido, porque não havia começo e não havia fim, apenas um fluxo contínuo, e a divisão em porções, conhecidas como eventos, é inevitavelmente arbitrária.

Enquanto Hume escrevia com ironia, outros escreviam a sério. A metafísica, afirma o filósofo idealista do fim do século XIX Bradley, trata da descoberta de maus motivos para o que acreditamos de maneira instintiva; mas a metafísica nesse meio-tempo mudou e agora tornou-se a descoberta de todos os maus motivos para o que não conseguimos acreditar, por mais esforço que façamos. Tudo que posso dizer é que a descrença na realidade da consciência ou identidade pessoal nunca impediu ninguém de fazer a revisão de um livro em que essa não realidade é discutida; duvido muito que qualquer autor de um livro como esse tenha sido completamente indiferente à conta bancária na qual seus *royalties* estivessem sendo depositados.

Outra característica do pensamento psicológico é o quanto é superestimado em termos da pretensa luz que a patologia física e psicológica lança sobre o funcionamento normal e logo sobre a existência humana como um todo. Freud, como bem se sabe, começou com a histeria e acabou com a civilização. Watson começou com o pequeno Albert e acabou com toda a vida humana. A patologia física, em comparação, tem uma história bem distinta. O cérebro dos lunáticos já vinha sendo examinado, sem muito sucesso, para descobrir a origem da sua loucura, e o pressuposto era que a diferença entre o cérebro dos lunáticos e o dos não lunáticos revelaria o *fons et origo* da loucura, logo, indiretamente, da sanidade; em algum momento avanços haveria. A dedução de Fournier de que a paralisia geral dos insanos (GPI), responsável por 15% das admissões em asilos na Grã-Bretanha e na França na segunda metade do século XIX (e uma proporção ainda maior de mortes nesses locais), era na verdade uma complicação tardia da sífilis foi um triunfo da observação médica e dos poderes de dedução. Tal conclusão foi feita antes mesmo da descoberta do organismo causador da sífilis e da elucidação da neuropatologia da sífilis tardia (incidentalmente, tenho fortes suspeitas de que Ibsen acompanhava o trabalho de Fournier e usou suas descobertas no enredo da peça *Fantasmas*). Posteriormente, o tratamento da sífilis foi tão bem-sucedido que só vi durante minha carreira um único caso de GPI – um vigário da Igreja Anglicana.

Talvez o fato mais importante da história da neuropatologia tenha sido a descoberta de Pierre Paul Broca da área de lesão cerebral associada à afasia pós-derrame, hoje conhecida como área de Broca. Esse achado iniciou uma espécie de corrida do ouro rumo a áreas do cérebro que fossem supostamente órgãos da faculdade lesada ou destruída por trauma ou algum outro processo patológico. Se uma área do cérebro estivesse lesada e a pessoa que sofreu a lesão demonstrasse um déficit específico de função, os pesquisadores concluiriam ser a área cerebral lesada a sede daquela função, assim como o coração é a bomba do sistema cardiovascular, ou o rim um órgão de excreção. Essa perspectiva, apesar de compreensível, não só subestimou a capacidade do tecido neuronal de se regenerar ou se reparar (a doutrina na época era que todas as lesões cerebrais eram física e funcionalmente irreparáveis), como fracassou ao tentar distinguir a condição necessária da suficiente. Era como se, ao tirar as pernas de uma mosca e observar que ela deixou de voar, o autor do experimento concluísse que as pernas seriam os órgãos de voo da mosca. Os pesquisadores acreditavam que, se a neuropatologia fosse sofisticada o suficiente, todas as funções humanas, a conduta e o pensamento poderiam ser e seriam identificados, e haveria uma explicação satisfatória. Mas os problemas metafísicos, agora é fácil ver, teriam continuado, mesmo que (e não é o caso) cada pequena parte do cérebro executasse uma função discreta e todas as funções somadas formassem a totalidade do ser humano.

O caso famoso de Phineas Gage supostamente "comprovou" a base neurológica do comportamento social e a própria moralidade. Gage era supervisor na construção de uma estrada de ferro em Vermont em 1848 quando, numa explosão, uma barra de aço atravessou seu crânio. Milagrosamente ele sobreviveu e recuperou a saúde física. Mas seu caráter mudou por completo. Antes do acidente, era um cidadão confiável, do bem, religioso. Tornou-se quase um psicopata, irresponsável, egoísta, bêbado, impulsivo e incapaz de pensar antes de agir. A história, que aparece em quase todos os livros didáticos de neuropsicologia e faz de Gage praticamente o Rômulo e Remo da neuropsicologia (como se ele tivesse se acidentado voluntariamente para o benefício da ciência), é usada para demonstrar a "sede" das qualidades que Gage perdeu depois do acidente.

Que o caso de Phineas Gage pertença tanto à história da metafísica quanto à da neurociência fica claro pela avidez com que foi assimilado apesar da fragilidade das evidências históricas no qual se baseia. A detalhada pesquisa histórica publicada em 2000 pelo neuropsicólogo australiano Malcolm Macmillan demonstrou que a história tradicional do acidente de Gage e suas sequelas se estabeleceu tanto na mitologia quanto nos fatos, e desempenhou a função da vida de um santo na justificativa da fé religiosa, mais que os fundamentos racionais e comprovados de uma teoria científica. O fato de que as evidências históricas disponíveis para Macmillan estavam ali desde o começo demonstra uma disposição, uma vontade de acreditar por parte daqueles que exageraram na interpretação da história oficial, baseada em evidências históricas tão pífias, assumidas pela fé, que acabaram se tornando verdadeiras pela repetição; existe até mesmo um livro infantil que relata a história neuropsicológica "oficial" de Phineas Gage, presumivelmente com a intenção de induzir as crianças a uma fé – a crença de que, apesar da ausência de detalhes, o ser humano já arrancou o âmago do seu mistério e que não há problemas metafísicos sem resolução. Esse é um assunto ao qual voltarei.

Capítulo 3

Aqui volto ao behaviorismo e à sua ramificação decorrente, a terapia comportamental cognitiva (TCC). Quando o absurdo de tratar os seres humanos como cachorros de Pavlov glorificados revelou-se evidente e inescapável, um novo elemento foi acrescentado ao cardápio: o *pensamento*. A inovação deu à luz a TCC. As dores humanas, incluindo os padrões de comportamento contraproducentes ou destrutivos e repetidos, seriam o resultado de padrões de pensamento equivocados e igualmente repetitivos que, se interrompidos, cessados e mudados, alterariam o comportamento para melhor. De acordo com a TCC, você pensa direito. Um progenitor não reconhecido da técnica foi Émile Coué, o farmacêutico francês que descobriu o poder do placebo e, logo, da autossugestão. Interrompa os pensamentos sombrios com positivos e logo você se sentirá muito melhor: basta um mantra para se sentir feliz.

"A terapia comportamental cognitiva", afirma o capítulo de um livro didático,[1] "busca melhorar o bem-estar e o funcionamento emocional ao identificar crenças, sentimentos e comportamentos associados com a perturbação psicológica e revisitá-los por meio de análise crítica e exploração

---

[1] Christie Jackson; Kore Nissenson; Marylene Cloitre, "Cognitive-Behavioral Therapy". In *Treating Complex Traumatic Stress Disorders*. Eds. Christine A. Courtois e Julian D. Ford. New York, The Guilford Press, 2015.

experiencial para ser consistente com os resultados desejados e as metas positivas de vida." Se, conforme Buffon afirmou, o estilo é o próprio homem, o estilo é também a própria técnica.

Para quem tem obsessões, compulsões ou depressão moderada, a TCC funciona, e até certo ponto é benéfica para a humanidade. Seus efeitos parecem mais específicos que gerais; outras formas de tratamento não funcionam tão bem, mas é claro que é impossível conduzir um estudo clínico duplo-cego de TCC sem que o paciente e o praticante saibam qual tratamento se está recebendo ou ministrando. O efeito Coué de crença e entusiasmo não pode ser eliminado como justificativa para os sucessos da TCC.

Como é quase sempre o caso de quem se converte a qualquer coisa, os seguidores da TCC superestimam o seu escopo e acreditam que se trata de uma panaceia para a grande maioria dos males da humanidade, se não de todos. Nada é bom ou ruim, são os pensamentos positivos e negativos que tornam as coisas assim. Isso logo se traduz em empregos para meninos (ou, como se deve dizer hoje em dia, pessoas): no NHS, o sistema nacional de saúde da Grã-Bretanha, há milhares de praticantes de bem-estar psicológico que "reestruturam" os pensamentos dos seus concidadãos para aliviá-los dos grilhões forjados pela mente e transformá-los em cidadãos felizes e produtivos, supostamente com grande sucesso. Uma nova era chegou.

A infelicidade, contudo, tende a emergir para encontrar os meios disponíveis de ser aliviada, como o doutor Colin Brewer apontou. Em outras palavras, a suposta doença pode tornar-se mais frequente à medida que se difundem o conhecimento sobre ela e as possibilidades de cura. Como em qualquer ramo do conhecimento, existem modismos nos diagnósticos, mesmo nas doenças físicas (algumas, como a do rim flutuante, deixaram de existir, apesar de ser curada por uma cirurgia perigosa, a nefropexia). As perturbações psicológicas também têm seus modismos. O humorista Jerome K. Jerome há muito tempo apontou em *Três Homens num Barco* que você pode se convencer de que tem a sintomatologia de cem doenças pela simples leitura de um livro didático de medicina; como tudo fica mais fácil quando os sintomas se encontram explicitados na mente! A TCC fundamenta-se no princípio de que é isso que as pessoas fazem. Logo, a eficácia da TCC é perfeitamente compatível com a disseminação na população do transtorno que essa terapia suposta e efetivamente cura. Talvez a prevalência de certos transtornos, como o obsessivo-compulsivo, seja "natural" e não possa ser reduzida, mas valeria perguntar se muitos deles (como os vários tipos de transtorno alimentar) não se espalham à medida que são conhecidos. La Rochefoucauld afirmou que algumas pessoas jamais teriam se apaixonado se não tivessem ouvido falar que isso existia. É possível, evidentemente, que os transtornos alimentares passassem despercebidos, o que justifica o fato de atualmente parecerem tão prevalentes, mas é possível, também, que sejam mais prevalentes hoje por causa da publicidade. O efeito Werther, afinal de contas, é bem conhecido: recebeu esse nome em decorrência da epidemia de suicídios de rapazes na Europa depois da publicação de *Os Sofrimentos do Jovem Werther*, de Goethe, em que o herói romântico se mata por causa de um amor impossível. Hoje em dia o efeito se refere ao aumento no número de suicídios depois de um suicídio ser noticiado nos jornais ou na televisão. Pesquisas demonstram que o suicídio de uma celebridade tem um efeito Werther quatro a cinco vezes maior que o de uma pessoa desconhecida, e não há melhor prova que essa da superficialidade da raiz de muitas tragédias.

Seja como for, o efeito Werther demonstra que a imitação é potencialmente uma causa de perturbação psicológica, até mesmo uma perturbação mais grave, justamente porque o homem é um caniço pensante, como Pascal afirmou (uma coisa fraca e maleável, porém consciente e autodirigida); portanto, em princípio é um erro tratar a prevalência da perturbação psicológica como um fato bruto e natural, assim como a prevalência do hipotireoidismo ou da síndrome de Marfan; pois a reflexividade da mentalidade do homem implica que fatores como a imitação devem ser levados em conta. Nenhuma afirmação de que uma perturbação psicológica com tal prevalência em tal população deve ser levada a sério, principalmente quando se trata de um apelo, implícito ou explícito dependendo do caso, e tão frequente, para mais recursos para tratamento, já que a suposta prevalência aumentou de maneira chocante nos últimos anos. Não se trata meramente do fato de os pesquisadores epidemiológicos neste campo encontrarem o que estão procurando; eles podem na verdade *provocar* o que estão procurando.

Há outras maneiras de promover a fragilidade psicológica, é claro; por exemplo, recompensando-a. Em países com sistemas antagônicos de direito civil, o interesse do querelante é maximizar o mal que o atingiu no acidente sofrido. O problema dos danos físicos, do ponto de vista dele, é que a sua recuperação é um processo mais ou menos objetivo, difícil de ser negado quando ocorre. As consequências psicológicas do dano, por outro lado, são fáceis de simular e difíceis de refutar. As formas mais grosseiras de fraude podem às vezes ser descobertas por meio de detetives particulares, mas qualquer pessoa com acesso à internet, cuidado e determinação pode simular muitas das chamadas neuroses. E, como a justiça é lenta, a conduta fingida acaba se tornando a norma e passa a fazer parte da personalidade e do caráter do fingidor. A chamada neurose acaba produzindo um neurótico. Se você alega não conseguir sair de casa ou se concentrar, a certa altura a sua concentração estará destruída e você se tornará prisioneiro na sua própria casa. Já que a grande maioria das pessoas não gosta de ser chamada de fraudulenta, os sintomas continuam mesmo depois da resolução do caso, pois se os sintomas diminuíssem com o acordo feito, a ação desonesta ficaria clara para todos, até para os próprios querelantes. Isso vale, aliás, para supostos sintomas físicos depois do dano sem evidências de patologia psicológica, que são, portanto, irrefutáveis por meios físicos; uma exposição maravilhosa do fenômeno pode ser encontrada no livro de Andrew Malleson, não suficientemente reconhecido, *Whiplash and other Useful Illnesses*. A causa real de numerosos casos de inabilidade física é o sistema legal, sem o qual muitos daqueles que sofrem do mal seriam mais robustos psicologicamente.

(Não alego aqui que eventos tenebrosos não possam ter severas consequências psicológicas para os que os experimentam, só afirmo que o aparato da suposta recuperação e do pós-cuidado tem efeitos profundos sobre a incidência de consequências psicológicas, não raro de natureza bem menos tenebrosa. Pode ser então que o efeito global do aparato seja negativo, apesar de ser positivo em alguns casos. Aliás, a virtude da resiliência ou força é o inimigo declarado desse aparato, que necessita da vulnerabilidade humana como um carnívoro necessita de carne. Quando minha esposa teve um aborto espontâneo e recusou o tratamento sugerido, a pessoa que lhe ofereceu auxílio parecia um animal que ficou sem a presa; falou-lhe como se ela fosse irresponsável, dizendo que ela inevitavelmente sofreria as consequências então autoinfligidas.)

Capítulo 4

Ao lado dos esforços do sistema de responsabilidade civil, no entanto, estão os do sistema de seguridade social. Há muito tempo que se luta para que os transtornos psicológicos sejam tratados pelo sistema da mesma maneira que as doenças físicas. Psiquiatras e psicólogos vêm participando dessa luta sem reconhecer que eles mesmos (que enxergam agenda oculta em todo lugar) podem ter seus interesses no assunto. O governo simpatiza com esse empenho, pois isso não só cria uma nova classe de dependentes como também minimiza a taxa de desemprego: uma pessoa doente não está desempregada, está doente. A maneira mais fácil de reduzir o desemprego, portanto, é a canetada do médico.

Nos Estados Unidos criou-se a *Mental Healthy Parity and Addiction Equality Act* (Lei de Paridade da Saúde Mental e de Isonomia da Dependência), que torna obrigação das seguradoras ser mais restritivas na cobertura de perturbações psicológicas do que na de doenças e danos físicos. Isso pouco importa para as empresas de seguro, que podem repassar seus custos para os segurados, com um pequeno extra para o lucro; mas é muito caro para a sociedade como um todo. Se fosse pequena a probabilidade de alguém sofrer um transtorno psicológico, talvez a lei de paridade fosse menos importante; mas quando se somam todas as taxas anuais de prevalência na quinta edição do *Manual Diagnóstico e Estatístico de Transtornos Mentais*, publicado pela Associação Americana de Psiquiatria, fica claro que o cidadão comum sofre de, no mínimo, dois transtornos psicológicos por ano, talvez muito mais. Pressupondo que metade da população é psicologicamente saudável, qualquer que seja o significado de saúde psicológica (minha avó acreditava em doses semanais de óleo de rícino, alegando que se você se livra dos venenos corporais os venenos mentais se resolvem sozinhos), então metade deve sofrer com quatro transtornos psicológicos por ano, no mínimo. É incrível que a sociedade consiga sobreviver com esse custo de cuidar dos seus incapacitados.

A expansão dos diagnósticos psiquiátricos leva simultânea e paradoxalmente a tratamentos prolongados demais ou insuficientes. Os que genuinamente padecem de transtornos recebem pouca atenção: quem sofre de esquizofrenia crônica, aparentemente uma indiscutível disfunção patológica do cérebro, apodrece nas ruas, estações, vielas das cidades grandes, onde, ao mesmo tempo, milhões de pessoas têm suas preocupações flutuantes atendidas com o mesmo cuidado que uma mãe superprotetora dedica ao filho mimado – com mais ou menos os mesmos resultados.

A ideia de que transtorno psicológico deve ter paridade com doença física é equivocada em dois sentidos: ela o superestima e o subestima. A paralisia geral dos loucos, a demência ou a esquizofrenia crônica são mais terríveis que uma perna amputada (por mais indesejável e até mesmo trágico que seja isso), porque atacam o fundamento da humanidade da pessoa, seu caráter e sua personalidade, sua *alma*. A doença psicológica corrói a capacidade da pessoa de refletir, pensar e decidir por si mesma; ela se torna o que entusiasmados engenheiros sociais acreditam que o ser humano é: um organismo sem capacidade de decisão. Por outro lado, pequenas alterações na equanimidade são tratadas pelo paciente e pelo terapeuta com grande seriedade, como se tivessem importância cósmica. Logo, a negligência do sofrimento coexiste com a dos excessos, incluindo a indulgência; e as pessoas tornam-se cada vez menos capazes de distinguir a tragédia da inconveniência.

Paralelamente à demanda por paridade no tratamento há outra: demanda pela paridade de pensamento, sentimento e julgamento (ou a falta de) quando conhecemos ou consideramos pessoas com transtornos psicológicos. Elas nunca são responsabilizadas pelo seu estado ou situação;

são vítimas de algo exterior a elas (nesta circunstância as disfunções do cérebro são consideradas exteriores, e não o *eu* verdadeiro dessas pessoas).

Isso me remete ao que diz Edmundo, filho malévolo e ardiloso do Conde de Gloucester, em *Rei Lear*:

> Eis a sublime estupidez do mundo;
> quando nossa fortuna está abalada
> — muitas vezes pelos excessos de nossos próprios atos —
> culpamos o Sol, a Lua e as estrelas pelos nossos desastres;
> como se fôssemos canalhas por necessidade, idiotas por influência celeste;
> escroques, ladrões e traidores por comando do zodíaco;
> bêbados, mentirosos e adúlteros por forçada obediência a determinações dos planetas;
> como se toda a perversidade que há em nós fosse pura instigação divina.

Contudo, em vez de acreditarmos na astrologia, hoje acreditamos na psicologia, de qualquer linha – e chamamos isso de progresso.

A determinação de não julgar é composta de três fatores entrelaçados: um é o medo, o segundo é o desejo, o terceiro é a esperança.

Temos medo de julgar porque, ao julgar, talvez exageremos e culpemos aqueles que não merecem ser culpados. Mais do que isso, temos medo de parecer censores, como se nada houvesse entre o latitudinarismo moral completo e consistente e a hipocrisia dickensiana. Já que este agora é o último dos pecados, melhor não fazer nenhum julgamento. Logo, não pode haver escolha moral entre a conduta desordenada da pessoa com tumor cerebral ou demência, de um lado, e a pessoa que se intoxicou com drogas, de outro. Se o resultado é mais ou menos o mesmo, as causas podem ser mais ou menos as mesmas ontologicamente; logo, moralmente. Por não julgarmos, evitamos a possibilidade de erro – pelo menos o erro de culpar a vítima –, mas não o erro de defender o perpetrador.

Nosso medo de parecermos severos e censuradores é acompanhado do desejo de parecermos compreensivos. Compreender tudo é perdoar tudo; consequentemente, se perdoamos tudo, compreendemos tudo. Assim, nós nos colocamos na posição de uma deidade misericordiosa, a deidade que negamos com veemência. O sofrimento de qualquer tipo, até mesmo o que parece ser autoinfligido, é uma evidência *ipso facto* da vitimização – o vitimismo. Nosso mote filosófico não é *Penso, logo existo,* e sim *Ele sofre, logo é a vítima.*

Precisamos que todos os que sofrem sejam vítimas porque só assim podemos manter a nossa pretensão de ter uma compreensão universal, e de sentir o calor da nossa própria compaixão, tão semelhante ao calor que uma bebida forte e encorpada nos oferece quando faz frio. Claro, se fosse de fato verdade e se realmente acreditássemos que o sofrimento é um indício de vitimização, o sofrimento como tal seria um fato físico e inescapável, como a altura do Monte Everest ou a capital da República Tcheca; mas aí, como Emerson certa vez afirmou em uma das suas breves incursões pela compreensibilidade, a consistência tola é o duende das mentes limitadas.

O propósito (a pretensão) de chegar a uma compreensão integral, além de engrandecer a si próprio, equivale à evasão da própria responsabilidade moral; pois sucede que se ninguém será julgado (porque julgar implica julgar com severidade), então ninguém deve julgar – nem a si mesmo. Isso implica efetivamente carta branca para fazer o que se quer, já que todo e qualquer comportamento tem o mesmo embasamento moral: deve ser apenas *compreendido*. É por isso que não é incomum hoje em dia ouvir dizer "estou aprendendo a me perdoar" (geralmente com a orientação de um terapeuta), como se esse aprendizado fosse um trabalho duro e de grande valor, equivalente, digamos, a aprender os subjuntivos numa língua estrangeira. De acordo com os modos mais tradicionais de pensamento, aprender a se perdoar é aprender a agir sem escrúpulos, como forçar o próprio rumo sem se importar com as outras pessoas, como – de fato – se tornar um psicopata. Aliás, o multiculturalismo tem a mesma consequência lógica. Se é possível alegar que o mau comportamento é parte de um padrão geral cultural, é o fim da crítica; pois todas as culturas são iguais, e não há, em nenhum caso, nenhuma perspectiva moral, ou seja, nenhum ponto arquimediano extracultural do qual seja possível julgar. Se o multiculturalismo significa que eu tenho de aceitar suas maneiras sem comentários, você então tem de aceitar as minhas sem comentários. Tal como o amor, o multiculturalismo significa que você nunca precisa se desculpar.

As pessoas não só precisam aprender a se perdoar para ser felizes e realizadas, elas precisam aprender também a se *amar* e a estufar o peito com autoestima. Esse é o consenso de todas as terapias, em suas variantes da psicodinâmica, das conversas, do aconselhamento e das terapias comportamentais. A teoria é que, ao acreditar que é fraca, tola, incompetente, sem valor, a pessoa está fadada ao fracasso perpétuo, permitindo que a vida faça dela um capacho.

Um quadrinho no *The New Yorker* certa vez captou o absurdo desse tipo de pensamento com invejável concisão. Um terapeuta da convicção adleriana (se você tiver idade para se lembrar de quando Alfred Adler ficou famoso ao propor a pulsão do poder em vez da pulsão do sexo como o motivo universal cunhando os conceitos de complexo de inferioridade e de superioridade para explicar as variações patológicas nessa pulsão) diz a seu paciente no divã: "O problema, senhor Jones, é que o senhor é realmente inferior".

Capítulo 5

A autoestima e o amor-próprio, na psicologia moderna, atuam como imperativos categóricos conforme a filosofia moral de Kant; ou, para mudar levemente a analogia, são um pouco como o sorriso do Gato que Ri em *Alice no País das Maravilhas*, de Lewis Caroll, quando todas as outras características pessoais foram arrancadas e desapareceram. Não importa o que você fizer, ame-se e estime-se, senão estará fadado a passar a vida denegrindo-se de forma estéril. Na psicoterapia psicodinâmica você deve, por exemplo, descobrir as raízes da falta de autoestima cedo na vida, quando não era amado suficientemente pela sua mãe, que o criticava o tempo todo por bagunçar a casa, que depreciava os seus desenhos, etc. Na psicoterapia comportamental, a ausência de autoestima necessária é o resultado de um círculo vicioso de pensamento em que as reflexões sobre o fracasso levam a um fracasso real, o que por sua vez leva a futuras reflexões sobre o fracasso e assim por diante, *ad infinitum*. O objetivo da terapia comportamental cognitiva é quebrar o círculo vicioso, é transformar uma criatura patética, um quase rato que não se atreve a sair da toca, num sujeito "faço e aconteço", que sabe fazer amigos e influenciar pessoas. Não é difícil enxergar a conexão entre essas ideias e a moderna tendência pedagógica de elogiar as crianças pelos seus esforços, por mais incoerente que isso seja. Para quem acha que estou exagerando, observo que um eminente professor de uma das instituições de ensino superior mais prestigiadas da

Grã-Bretanha, da qual muitos alunos e professores ganharam o Prêmio Nobel, me disse recentemente que ele não pode usar caneta vermelha para corrigir as redações dos alunos (eles ainda escrevem à mão; trapacear com computador é fácil demais), pois, para os que zelam pelo bem-estar desses jovens, a cor é muito intimidadora. Deparar com tinta vermelha nas páginas de sua prosa imortal pode fazer com que os pequenos percam a autoestima, fiquem traumatizados e a vida deles seja destruída para sempre. Dou risada? Choro? Me desespero? Ou pulo de alegria com esse delicioso absurdo? Ou nenhuma das alternativas? Como o exército de Habsburgo costumava dizer, a situação é catastrófica, mas não é grave.

A concepção de amor-próprio ou autoestima ou é ridícula ou é repugnante. Ninguém atribui o seu bom caráter ou sucessos na vida a um fundo adequado de autoestima. Ninguém pode dizer que qualquer conquista humana foi fruto da autoestima. Uma boa dose de dúvida sobre si mesmo é bem mais conducente (mas não o suficiente) para tal conquista. Essa dúvida é superável; a autoestima é a complacência elevada a um plano ontológico.

Nenhuma pessoa sensata fica pensando se ela se ama ou se estima. Seria uma forma inerente de vaidade, muito pior que a vaidade física (vaidade em relação a roupa, etc.); esta ao menos tem uma alteridade, uma qualidade social. Autoestima é vaidade que diz respeito não à aparência, mas à natureza do próprio ser, do caráter. Ter autoestima é dar a si mesmo uma medalha por existir, por não escolher a única alternativa à existência, o suicídio. Para a maioria das pessoas, não conseguir suicidar-se é um obstáculo fácil de superar.

Mas mesmo que fôssemos agregar algum valor à autoestima como um conceito, seja explanatório, descritivo ou um *desideratum* universal para os seres humanos, ainda seria errado desconectá-la das considerações morais. Aqueles que acreditam que a autoestima é um bem em si mesmo e não a manifestação potencialmente mais mortal dos pecados mortais (a mais mortal porque todos os outros certamente derivam dela) deveriam ser obrigados a ler a peça teatral *Coriolano*, em que as consequências do excesso de autoestima são reveladas para a iluminação moral dos espectadores. Coriolano tem uma opinião excessivamente favorável sobre si mesmo por ser da nobreza, isto é, quase *ex officio*. Sua autoestima o faz corajoso, mas o faz esquecer que a coragem é uma virtude que requer ação, não é autônoma; deve ser exercitada em busca de uma meta valorosa; o excesso de autoestima o leva a depreciar os outros, também *ex officio*, por não serem nobres, sem olhar para suas qualidades individuais. A certa altura, ele permite que a sua humanidade supere a sua autoestima e ele morre por isso; o que ele jamais teria feito se não tivesse essa infernal autoestima.

Se é possível ter autoestima de menos, por consequência quase lógica é possível tê-la também de mais, mas independentemente de ser de menos ou de mais (ou o suficiente), um julgamento moral é invariavelmente necessário, uma estimativa do que é apropriado, e esse julgamento não pode remeter somente à psicologia, pois deve incluir uma noção do que é bom, para a sociedade e para o indivíduo. Se, por exemplo, o aumento da autoestima de certo indivíduo fosse seriamente prejudicial aos outros, ninguém a advogaria, ainda que a própria pessoa se beneficiasse com isso. De nada serve afirmar que a autoestima não é autoestima *de verdade* se prejudica os outros, porque é impossível derivar a autoestima do mal causado aos outros; essa afirmação equivale a contrabandear um julgamento moral para o conceito, que como conceito puramente científico deve estar livre disso. Faço aqui uma mera observação: pessoas muito ruins estão cheias de autoestima; criminosos famosos, por exemplo, que se orgulham de seus feitos. A autoestima do mal é arrepiante.

Portanto, é possível que aqueles que reclamam de baixa autoestima tenham uma percepção quase correta de si mesmos (claro que ela deve ser um pouco mais baixa só por terem pensado em autoestima). O conceito de autoestima cheira à má-fé de quem advoga em causa própria. Ao ouvir um paciente reclamar de sua baixa autoestima, respondi que ao menos uma coisa ele acertou; ele ria em vez de ficar bravo, que é o que faria se sinceramente acreditasse que o problema dele era baixa autoestima. A sua risada continha o reconhecimento implícito de que ele sempre soube que estava enganando a si mesmo e aos outros. Um homem pode se odiar por ser o que é, mas isso não o absolve da responsabilidade de ser o que é. Pode haver atenuantes e, às vezes, total justificativa, e elas devem ser avaliadas por outros; nenhum homem pode atenuar a responsabilidade sobre si mesmo como tantas vezes tenta fazer contando com o encorajamento da psicologia. Reiterando Edmundo em *Rei Lear*: "É a admirável desculpa do homem devasso – responsabiliza uma estrela por sua devassidão!".

A autoestima é um conceito que pertence à psicologia do Eu Verdadeiro, alguém que é, sem dúvida, inerentemente bom e admirável. Por ser o homem bom por natureza, dentro de todo homem mau existe um homem bom tentando se libertar mas obstruído, pobrezinho, por fenômenos como baixa autoestima. O Eu Verdadeiro pode não ter nenhuma conexão óbvia com o Eu que atua no mundo e aparece aos outros. É um jardim lindo e secreto acessível apenas por meio da psicologia.

É verdade que todos nós às vezes agimos sem consonância com o nosso caráter: um personagem perfeitamente consistente provavelmente nunca existiu, e topar com alguém assim seria desconcertante. Portanto, uma pessoa de temperamento tranquilo pode perder as estribeiras de vez em quando sem perder a reputação de ter temperamento tranquilo. Mas o homem de pavio curto não pode *realmente* alegar que é tranquilo só porque sabe que no jardim secreto do Eu Verdadeiro ele é a paciência personificada. A doutrina do Eu Verdadeiro, que nada tem a ver com o Eu Fenomenal, isto é, o Eu que come, bebe e dorme, é mais uma evasão admirável do homem devasso, pois nos permite fazer o que queremos sem ter de nos sentir horríveis, sem ter a experiência genuína do remorso, ou até sem nos examinar de forma honesta. Isso porque o veredito é sempre decidido antes: nos íntimos recessos do nosso ser em que habita o Eu Verdadeiro, somos sempre inocentes. É claro que os recessos íntimos são mais reais que o ser exterior, que é tão superficial como um batom. Quando eu era criança, cruzava os dedos ao dizer uma mentira porque sabia, mais profundamente que aquilo que saía da minha boca, qual era a verdade. Estamos sempre em estado de emigração interna (expressão usada pelos oponentes do nazismo que permaneceram na Alemanha nazista) do nosso Eu Fenomenal.

Sem dúvida, não há nada de novo nisso; raramente existe algo de novo no que concerne à humanidade ou desumanidade. A questão raramente é se existe algo novo debaixo do sol, e sim se esse algo predomina mais que antes ou menos. E a psicologia do Eu Verdadeiro certamente, na lógica, encorajaria as evasões do homem devasso.

Nem é preciso dizer que o Eu Verdadeiro se apresenta como útil apenas no contexto de mau comportamento ou comportamento ilegal. Ninguém alega que suas boas ações são uma exceção de seu mau-caratismo, que (por exemplo) roubaria a bolsa de uma senhorinha em vez de ajudá-la a atravessar a rua. Só o mau comportamento é excepcional e requer uma explicação psicológica. O bom comportamento está em consonância com o Eu Verdadeiro e, logo, não é misterioso. Pelo contrário, esse comportamento é a expressão do eu natural, que é bloqueado por algum processo patológico. O domínio que a psicologia do Eu Verdadeiro tem sobre a humanidade explica por que o esforço para justificar a má conduta sempre foi maior que aquele para justificar a boa. O alienígena é sempre mais interessante que o familiar, o anormal mais que o normal.

O Eu Verdadeiro, então, brilha como um diamante, ou assim faria se a escória do Eu Aparente fosse removida, da mesma forma como diamantes são encontrados na África do Sul. O psicólogo ou psiquiatra é o mineiro, e a pessoa insatisfeita ou má (isto é, a que faz coisas ruins ou ao menos finge que preferiria não fazer) é o resultado da lavra.

O corolário natural do Eu Verdadeiro é o Ele Verdadeiro, a pessoa verdadeira que está sob o verniz do seu comportamento real. Diferentemente do Eu Verdadeiro, que é sempre bom, o Ele Verdadeiro pode ser bom ou mau; depende da pessoa que está buscando gostar do Ele Aparente. É mais comum, porém, atribuir o bom-caratismo aos que não se comportam bem do que atribuir o mau-caratismo aos que se comportam bem (em geral essa propensão é consequência da inveja). Uma vez ouvi no rádio uma mãe afetuosa de um menino de 15 anos que tinha assaltado mais de duzentas casas afirmar que ele era na verdade um bom menino, um menino de coração de ouro, por mais que seus crimes tivessem causado desgraça a tanta gente. Certamente é natural e necessário que as mães intercedam pelos filhos, mas é absurdo que sejam respeitadas intelectualmente por isso.

A busca pelo Eu Verdadeiro é agora um reflexo entre os intelectuais quando estes se deparam com alguma conduta alheia considerada repreensível. Eles se sentem desconfortáveis com as categorias "bom" e "ruim", cujos fundamentos metafísicos são vagos, indefinidos, incertos; pelos quais a grande massa da humanidade (da qual os intelectuais se destacam) julga os homens e os fatos. Um exemplo (típico): um artigo do *Le Monde* em junho de 2014 começava com a pergunta "Quem conhece o verdadeiro Mehdi Nemmouche?". O motivo pelo qual alguém gostaria de conhecer o *verdadeiro* Mehdi Nemmouche é que o Mehdi Nemmouche *aparente* havia acabado de ser preso em posse das armas que mataram quatro pessoas no Museu Judaico de Bruxelas; ele carregava a câmera com que esperava registrar as mortes para a posteridade. Nemmouche estava tentando fugir para a Argélia quando foi preso.

A manchete do artigo era "As Múltiplas Vidas de Mehdi Nemmouche". Começava assim:

> Quem conhece o verdadeiro Mehdi Nemmouche? Suspeito de ser a pessoa responsável pelo assassinato de quatro pessoas no Museu Judaico de Bruxelas no dia 24 de maio, ele tem diversas vidas, e ninguém sabe exatamente como se conectam.

Para nos ajudar a entender e desvelar o verdadeiro Mehdi Nemmouche, hoje com 24 anos, alguns dos seus amigos de infância foram entrevistados e afirmaram que era "um menino quieto, discreto, nada agressivo, que sempre se deu bem com todo mundo". Outro amigo da escola disse: "Ele era bom aluno, nunca se meteu em brigas, tinha amigos, vestia-se normalmente, de jeans e camiseta [...]". Porém, para a justiça criminal ele era um rapaz com "sólido histórico de delinquência", com nada menos que sete condenações em dez anos, muitas por roubo com violência. Passou cinco anos, de 2007 a 2012, na prisão, em que foi "radicalizado", isto é, recebeu (e adotou) uma justificativa ideológica para o seu comportamento psicopata.

Foi o *verdadeiro* Mehdi Nemmouche, o menino quieto e bem-comportado, ou o rapaz delinquente quem atirou em quatro pessoas com fria e calculista indiferença?

A pergunta só pode ser feita por alguém que ache que a resposta é importante e que, além disso, ache que havia ali uma realidade mais profunda que o superficial ato de atirar. Se, por exemplo, descobrirmos que Nemmouche fora sempre gentil com sua vovozinha, deveríamos concluir que o Ele Verdadeiro era uma pessoa calorosa e generosa com senhoras idosas?

Todos temos mais de uma faceta na conduta e no caráter, e elas são igualmente verdadeiras. Hitler era bondoso com o seu cachorro e gostava de receber flores de crianças pequenas. Um ato cruel é tão verdadeiro quanto uma centena de atos bondosos, e vice-versa; estabelecer qual é o mais significativo é um julgamento claramente *moral* – enquetes psicológicas não auxiliam em nada. No meu trabalho clínico, descobri que muitos homens violentamente ciumentos apertavam o pescoço da consorte, e não era pelo prazer sexual que dizem que a asfixia confere ao asfixiado.

"Ele já tentou estrangulá-la?", eu perguntava às minhas pacientes que tinham parceiro masculino violentamente ciumento. Mais de uma respondeu que sim, "mas nem sempre, doutor". (Uma chegou a pedir ao consorte que não a estrangulasse na frente dos filhos.) Nem sempre eu conseguia fazê-las entender que um minuto de asfixia é mais significativo que uma hora sem isso: mas pelo menos a decisão era delas. Contudo, caso fossem assassinadas, não haveria como defender o assassino alegando que elas tinham aceitado as tentativas anteriores, ou que ele havia passado a maior parte da vida sem estrangular ninguém.

A doutrina do Eu Verdadeiro é uma versão secular diluída da redenção cristã em que o homem assume o lugar de Deus. Dentro de toda pessoa existe um âmago de bondade que é mais real, mais fundamental, que qualquer ato de maldade que ela possa ter cometido, e a punição tem como função trazer isso à tona. É por isso que agora se acredita, pelo menos as pessoas que pensam corretamente, que a punição pode ser terapêutica, isto é, redentora, em seu propósito e intenção. A Corte Europeia de Direitos Humanos recentemente determinou que a sentença de prisão perpétua infringe os direitos fundamentais do homem porque elimina a possibilidade de redenção e penitência (conhecida no ramo como reabilitação). Ora, para os juízes de uma corte que é suprema em questões de supostos direitos humanos, num continente em cuja memória recente dezenas de milhões de pessoas sistematicamente passaram fome ou sofreram abusos até morrer, ou foram mortas industrialmente em escala inimaginável, não foi possível conceber um crime mais terrível, e sendo assim consideraram que o responsável estava além da redenção terrestre. Baseando-se nessa concepção, sujeitos como Himmler, se não tivesse se matado, e Beria, se não tivesse sido assassinado por seus antigos colegas, teriam sido candidatos à liberdade condicional, desde que demonstrassem estar reabilitados, fazendo brinquedos para crianças ou livros em Braille para os cegos. (Um assassino em série certa vez me repreendeu por escrito por sugerir que ele – que três décadas antes sequestrou ao menos cinco crianças, abusou delas sexualmente, torturou-as até a morte e as enterrou num charco em lugar remoto – nunca deveria ter saído da prisão; sua justificativa era que ele passou boa parte do tempo fazendo livros em Braille para os cegos e que ajudou muitas pessoas – segundo ele, mais que eu. Em outras palavras, ele teria se redimido e apagado a tortura e o assassinato das cinco crianças, pois suas boas ações subsequentes expressavam seu Eu Verdadeiro. Para usar um lugar-comum, ele tinha *pago sua dívida perante a sociedade*, como se o bem e o mal fossem as duas colunas, de débito e crédito, de um livro de contabilidade; como se o sujeito, tendo cumprido um número determinado de boas ações, tivesse depois o direito de torturar e matar cinco crianças.)

Os homens podem mudar; eis o seu fardo e a sua glória, pois é precisamente a capacidade de mudar que os torna responsáveis por suas ações; mas o que fazem pode ser irreparável.

Capítulo 6

A noção de reabilitação, tida como extremamente importante pela Corte Europeia de Direitos Humanos, tem a seguinte implicação: os que fazem coisa errada estão doentes e necessitam de fisioterapia moral, equivalente aos exercícios praticados por pessoas que fraturam a bacia ou precisam de prótese para voltar a andar. A ideia de que nenhum homem intencionalmente faz o errado (pois se soubesse o que é certo ele automaticamente o faria) foi substituída pela ideia de que nenhum homem *saudável* faz o errado, e a transgressão é um tipo de doença para a qual existe cura. C. S. Lewis, em sua crítica à noção de punição como terapia, diz que ela esvazia a vida humana de todo o seu significado específico e é incisivo em seu ensaio "A Teoria Humanitária da Punição". A punição terapêutica é compatível tanto com a leniência mais absurda quanto com a severidade mais revoltante. Como se não bastasse, é compatível também com a regra da lei, pois a terapia deve continuar até que seja bem-sucedida; e quando – e se – for bem-sucedida, tem de ser sempre especulação. A duração, o cumprimento e a severidade da punição terapêutica dependerão do prognóstico, uma arte difícil e incerta; o indivíduo deve ser punido pelo que *fez* e não pelo que *talvez faça* no futuro. Empregar o prognóstico na determinação da duração ou da natureza de sentenças individuais é tornar a lei arbitrária em seu funcionamento e desonesta com as suas pretensões. Logo, a psicologia, na prática, subverte a lei.

A teoria terapêutica da punição prevê a intrusão da psicologia na lei e vai muito além do estabelecimento da óbvia loucura, que vem servindo como justificativa ou circunstância fortemente atenuante. Na França, neste exato momento em que escrevo está sendo elaborado um projeto de lei que requer que os juízes estudem em detalhes as punições mais eficazes para o criminoso que estiver diante deles. É inevitável que possam ser ludibriados e que às vezes sejam relativamente (portanto de forma injusta) duros; pois esquecerão o aviso de Kent ao Rei Lear de que a ausência de efusividade de Cordélia não é necessariamente indício de ausência de amor:

Não está vazio o coração cujo som,
por isso mesmo, não ressoa.

A nova lei faz parte de uma série de regras conhecida como "lei sobre a reincidência", um título que torna clara a intenção terapêutica da lei criminal. O objeto dessa lei é *curar* o criminoso para que ele deixe de pecar. Basta um minuto de reflexão para perceber que, onde há a escolha entre encarceramento e o chamado serviço comunitário, a redução na taxa de reincidência é perfeitamente compatível com o aumento, enorme aumento, no número de crimes cometidos; e vice-versa: o aumento na taxa de reincidência coincide com a queda, até mesmo drástica, na taxa de criminalidade. A lei criminal deve supostamente proteger o público, e não curar o criminoso (mesmo supondo que exista algo errado com ele que necessite de "cura", proposição esta que subverte a sua humanidade, como apontou C. S. Lewis). Se, ao proteger o público, a taxa de reincidência caísse, seria ótimo, é claro; mas é a proteção e não a reincidência que deve ser o objetivo. O fato de que uma deformação tão elementar na lei seja propagada, principalmente por intelectuais influentes, só mostra quão dominantes se tornaram os modos de pensar psicológicos, em detrimento da clareza e da verdadeira compreensão.

A psicologia do Eu Verdadeiro também nos leva naturalmente para aquela estranha forma de *langue de bois* conhecida como psicologismo. Nesta linguagem distorcida e elaborada, as pessoas falam interminavelmente a respeito de si mesmas sem nenhuma revelação verdadeira. É uma manifestação de uma centralização em si mesmo sem reflexão, que almeja criar uma impressão de franqueza e abertura sem a necessidade da honestidade, que é sempre dolorosa. Ao falarem na língua do psicologismo as pessoas soam quase igual, o que não surpreende, pois um dos efeitos (se não o objetivo) dessa linguagem é esquivar-se de falar dos pensamentos e experiências que constituem a individualidade humana. Revelar os pensamentos ao outro é tornar-se vulnerável, pois ao fazê-lo você expõe o que há de singular em você, o tecido de sua existência; você pode levar outras pessoas a repreendê-lo, desdenhá-lo, ridicularizá-lo, detestá-lo. É por isso que a verdadeira franqueza é tão difícil de gerenciar; tem hora, local e interlocutor. Assim como, segundo Voltaire, a melhor maneira de ser um chato é dizer tudo, esta é também a melhor maneira de ser um tolo (e um brutamontes). Confidências não são confidências se reveladas a todos, mas o problema com as verdadeiras confidências é que requerem a confiança do confidente: e se o confidente merece confiança, isso é matéria de discriminação e julgamento. As pessoas recusam o julgamento com medo do equívoco e de parecer ridículas diante de si mesmas e dos outros; melhor então é não exercitar o julgamento e adotar em vez dele uma abertura não discriminatória e não reveladora, um simulacro de franqueza. Talvez isso ajude a explicar o sucesso fenomenal do Facebook e afins: um novo contrato social em que eu finjo que estou interessado nas suas trivialidades se você fingir que se interessa pelas minhas. Isso significa que é possível expressar-se ou pelo menos comunicar-se sem a dolorosa necessidade de pensar ou refletir sobre o que quer que seja. Mas os hábitos tornam-se caráter, e o hábito da superficialidade acaba se tornando (paradoxalmente) profundo ou, pelo menos, profundamente arraigado. Talvez isso explique a necessidade crescente de expressões e gestos extravagantes que parecem acompanhar a escassez de conteúdo. Só sendo assim para ser notado na torrente, no oceano de verborragia, apesar de a extravagância de gestos e expressões ser fútil, já que leva à corrida por atenção, em que ninguém sai ganhando.

Uma forma mais recente de psicologismo remete à ciência arcana da neuroquímica, que se tornou outra ferramenta poderosa na eterna busca humana de evasão de responsabilidade. Não tenho aqui a intenção de depreciar a neurofisiologia e suas conquistas. A determinação e a genialidade que elucidaram a anatomia, a física, a fisiologia e a química no campo da transmissão de impulsos nervosos são inacreditáveis. Quando penso na descoberta de que as células nervosas são separadas umas das outras e se comunicam por descarga química, fico profundamente admirado. Mas o que começa como avanço científico rapidamente se transforma em mito urbano. Um avanço técnico, um progresso no conhecimento, torna-se a explicação e a chave da existência humana como um todo, mesmo quando os cientistas responsáveis pelo avanço não fazem disso uma grande reivindicação (só às vezes). O conceito de desequilíbrio na química do cérebro como a origem dos pensamentos, desejos, humor e comportamento, principalmente quando é mau comportamento, foi aceito pelos estudiosos do fim do século XX com a credulidade só excedida pelos camponeses medievais diante das relíquias religiosas, mas com resultados estéticos – e possivelmente psicológicos – menos benéficos. E o que começa como moda entre as pessoas instruídas logo é filtrado para quem não tem instrução.

Hoje em dia as pessoas falam de sua própria química cerebral como se fosse a perigosa reação de permanganato de potássio com ácido clorídrico em tubo de ensaio (o perigo é a geração de gás de cloro, assim como o mau humor ou o egoísmo). Falam com a estranha autoridade dos crentes religiosos; o desequilíbrio da química cerebral é tão evidente quanto um objeto físico presente nas imediações ou quanto a existência de Deus para os religiosos. Até ouvi uma moça no ônibus dizer que o seu problema era que ela não tinha a quantidade correta de lítio no corpo para que o cérebro funcionasse normalmente, e que ela precisava tomar suplemento na forma de comprimidos, assim como pessoas que não têm o hormônio da tireoide precisam tomar tiroxina. O carbonato de lítio é indicado para pacientes que sofrem de transtorno maníaco-depressivo com o intuito de equilibrar as mudanças excessivas de humor, mas não porque eles têm deficiência de lítio por algum motivo nutricional, metabólico ou outro, assim como uma pessoa com pneumonia não sofre de deficiência de penicilina.

A popularidade da química do cérebro como explicação para todo o comportamento humano – pelo menos o comportamento que, em virtude das dificuldades que causa, aparentemente precisa de explicação – começou na década de 1980 com o marketing muitíssimo bem-sucedido das novas drogas, supostamente antidepressivas, conhecidas como inibidores seletivos de recaptação de serotonina (ISRSs ou SSRIs na sigla em inglês)

– tão bem-sucedido que a qualquer momento eles podem estar sendo tomados por um décimo da população adulta.

Ora, essas drogas foram vendidas com a teoria, nada nova, de que a depressão mental é causada pela insuficiência de algum neurotransmissor conhecido, a química liberada da extremidade de uma célula nervosa para ativar (ou em alguns casos para impedir a ativação) uma célula nervosa adjacente. Não existem muitos neurotransmissores conhecidos, diferentemente das células nervosas, que são bilhões, cada uma com tantas conexões que o cérebro mal é capaz de conceber a sua própria complexidade.

O psiquiatra Joseph Jacob Schildkraut popularizou (pelo menos na profissão médica) o conceito da causa bioquímica da depressão em 1965, num ensaio intitulado "A Hipótese da Catecolamina nos Transtornos Afetivos". Embora não fosse o primeiro a propor a hipótese, ele sintetizou e juntou as evidências de maneira sucinta. Naquela época, a candidata preferida para a causa da depressão era a deficiência de noradrenalina, mais que a de serotonina, pois os primeiros antidepressivos eficazes, como a imipramina e a amitriptilina (cujos efeitos de elevação do humor foram percebidos por acaso), bem como os inibidores de monoaminoxidase, pareciam ter efeito na noradrenalina mais do que na serotonina.

Houve muitas dificuldades com a hipótese desde o início. A título de exemplo, os antidepressivos funcionavam, quando funcionavam, só depois de duas ou três semanas, ao passo que o efeito farmacológico no metabolismo da monoamina era imediato. De qualquer modo, a teoria bioquímica de regulação de humor mal chegou à população geral por dois motivos: primeiro, continuava sendo um assunto médico obscuro, discutido em periódicos eruditos e inacessíveis; segundo, a depressão grave a ponto de exigir tratamento era transtorno relativamente incomum, mais ou menos análogo à melancolia. Tinha todos os sinais de doença genuína. Muitas vezes acometia o sujeito sem motivo aparente; havia forte predisposição hereditária; podia ser reproduzida em sua sintomatologia por certas doenças indubitavelmente físicas; tinha complementos físicos e até, possivelmente, um indicador físico; era acompanhada de sentimentos fortes, não característicos e injustificados de culpa não mitigáveis, a não ser que houvesse tratamento bem-sucedido ou remissão natural; foi e podia ser muito severa, e se não fosse tratada o resultado seria o completo estupor ou delírios bizarros e niilistas da síndrome de Cotard, em que o paciente acredita que está apodrecendo e que o seu corpo está gangrenado, morto, etc. O registro histórico dos hospícios demonstra que, antes da existência de tratamento efetivo da melancolia, os pacientes eram mantidos em observação para que fossem impedidos de se matar ou de morrer de fome até que se recuperassem espontaneamente – o que em geral ocorria, mas só depois de um tempo prolongado de profundo desespero. Num registro médico publicado em 1921 por um médico de manicômio, Montagu Lomax, li que, durante o dia, pacientes melancólicos eram enfileirados em cadeiras contra uma parede; uma mesa encostada os impedia de sair; e um atendente sentava-se diante deles para observá-los: essa era a forma de "tratamento", que continuava até que o estado deles melhorasse naturalmente.

Pacientes como esses eram raros e inconfundíveis. Os novos antidepressivos eram eficazes, para grande alívio de todos, pois o único tratamento alternativo de bons resultados na época era a terapia de eletrochoque, hoje ministrada de maneira mais refinada; naqueles dias, porém, o procedimento era assustador e degradante. Quanto aos antidepressivos, eles provocavam numerosos efeitos colaterais problemáticos, como a propensão de lançar os pacientes para o lado oposto do espectro do humor, isto é, eles se tornavam maníacos.

Como havia poucos casos, a cura ou a melhora desses pacientes teve pouco impacto cultural. Mesmo assim, o terreno estava preparado. No verbete sobre o doutor Schildkraut, que morreu em 2006, lê-se na Enciclopédia Britânica:

> Foi amplamente conhecido por seu ensaio "A Hipótese da Catecolamina nos Transtornos Afetivos", publicado no periódico American Journal of Psychiatry em 1965. Esse trabalho de pesquisa ajudou a estabelecer a base bioquímica da depressão e outros transtornos de humor.

Em outras palavras, a hipótese ajudou a estabelecer a "base bioquímica da depressão", apesar de não ter sido comprovada e ser hoje geralmente descartada (pelo menos no que diz respeito à substância bioquímica supostamente desordenada).

Foram necessários dois avanços para que a teoria do "desequilíbrio químico" das dificuldades da existência se tornasse tão difundida a ponto de parecer evidente para metade da população (a metade mais instruída): primeiro, o afrouxamento do diagnóstico de depressão para abranger todas as formas da infelicidade humana; segundo, o desenvolvimento de novos antidepressivos, os famosos – ou infames – ISRSs (inibidores seletivos de recaptação de serotonina).

A primeira dessas condições foi tão minuciosamente cumprida que a palavra *infeliz* foi eliminada da linguagem comum. Para cada pessoa que você ouve falando em público de infelicidade, você ouve no mínimo dez falando de depressão. Poucos são os que agora admitem ser infelizes e não deprimidos, outra "evasão admirável", pois já que a depressão é doença – causada, evidentemente, por desequilíbrio químico –, é natural que quem sofre dela procure tratamento médico quando experimenta qualquer desvio da felicidade, que é o estado natural da humanidade, bem como um direito inalienável (a descoberta substituiu a busca como um direito inalienável). Se alguém admite ser infeliz, pode ter sido sua má conduta, tola ou imoral, que contribuiu para isso; mas se ele é deprimido ele é vítima de uma doença que, metafisicamente falando, caiu do céu. Isso faz com que a pessoa deixe de ser um sujeito e se torne um objeto; e enquanto *existem* circunstâncias em que essa pessoa é vítima de maneira pura e não adulterada, um objeto no caso, existem relativamente poucas quando se trata de seu funcionamento e conteúdo mental.

Os pacientes foram ajudados em suas evasões pela profissão psiquiátrica, com membros com os quais têm agora uma relação dialética. O psiquiatra diagnostica a depressão sem nenhuma referência às circunstâncias ou à história recente do paciente. Como um eminente colega psiquiatra me disse, existe só a depressão e mais depressão – isto é, não há diferença entre a disforia branda e o estupor melancólico. Os psiquiatras têm uma lista de sintomas; e se os pacientes alegam sofrer de um número suficiente (não é preciso ser muitos), recebem os comprimidos. Alguns dos sintomas têm conteúdo irredutivelmente moral, como a autoestima, cuja perda é invariavelmente patológica aos olhos dos psiquiatras; ou um sentimento de culpa, cujo aumento é invariavelmente patológico aos olhos dos psiquiatras e independe de qualquer justificativa. A maneira como o *Manual Diagnóstico e Estatístico de Transtornos Mentais* da Associação Americana de Psiquiatria lida com a perda (única exceção para a regra de que as circunstâncias atuais do paciente potencialmente deprimido não são levadas em conta no diagnóstico, apenas os sintomas) seria cômica se não fosse a manifestação de uma noção profundamente empobrecida da vida humana, bem como muito importante em seus efeitos práticos, sociais e culturais. Permite que os sintomas da depressão não sejam considerados como doença depressiva nas primeiras duas semanas da perda, tornando-se, porém, doença depressiva depois. Desta perspectiva, o grande poema de Tennyson "In Memoriam" não passa de um produto mórbido de depressão (com a exceção de quaisquer estrofes escritas nas primeiras duas semanas depois da morte de Arthur Henry Hallam – não devem ter sido muitas, já que o poema como um todo levou dezessete anos para ser escrito). Teria sido muito melhor se tivessem dado a Tennyson um ISRS para que superasse a perda do seu amigo! A literatura inglesa teria tido um longo poema a menos, e Tennyson teria sido mais feliz. Nessa visão, o grande protesto de Hamlet pelo repentino casamento de sua mãe com Cláudio perderia sentido e seria primitivo em termos psiquiátricos:

> Um pequeno mês, antes mesmo que gastasse as sandálias
> Com que acompanhou o corpo de meu pai,
> Como Níobe, chorando pelos filhos, ela, ela própria
> Ó Deus! Uma fera a quem falta o sentido da razão
> Teria chorado um pouco mais

Não, senhor! Uma criatura possuída pelo discurso da razão e do luto por mais de duas semanas teria ido ao médico, que então prescreveria Prozac. Gertrude não teria se casado com Cláudio para superar a dor, Hamlet teria ascendido ao trono, Ofélia teria sido rainha, e Polônio, Ofélia, Gertrude, Cláudio, Laertes e Hamlet teriam sobrevivido.

Ah, se Hamlet tivesse escutado o Prozac – ou, mais precisamente, se tivesse tido o Prozac para escutar! *Ouvindo o Prozac*, caso você não se lembre, foi um *best-seller* publicado em 1993 pelo psiquiatra Peter D. Kramer. O Prozac foi o primeiro dos ISRSs a ser vendido, e suas alegadas vantagens eram muitas. Era supostamente eficaz, com menos efeitos colaterais e menos perigoso na overdose que as primeiras drogas antidepressivas conhecidas como tricíclicas. Estas causavam vários efeitos colaterais desagradáveis e potencialmente perigosos, como sonolência, boca seca, constipação, sudorese, pressão baixa ao se levantar (particularmente importante em pessoas idosas, para quem uma queda muitas vezes indica o início do declínio rumo à morte) e irregularidades de batimentos cardíacos, não raro fatais depois de uma overdose (que pacientes deprimidos e suicidas são mais inclinados a tomar, é claro).

Se os argumentos a favor dos ISRSs tivessem sido que eles eram tão eficazes quanto as drogas mais antigas no tratamento da melancolia, porém mais seguros e de posologia menos desagradável, teriam representado um avanço; sua descoberta não teria sido revolucionária como o foram a da anestesia ou a do antibiótico, talvez, mas teria valido a pena. O livro de Kramer sugeriu muito mais que isso. Ele alegava que na verdade o Prozac poderia consertar uma personalidade com defeito, ou que a pessoa considerasse imperfeita. Segundo o autor, nosso conhecimento e comando dos neurotransmissores seriam tão grandes que estaríamos entrando numa era de neurofarmacologia estética, em que desenharíamos nossa própria personalidade: um pouco mais de autoconfiança aqui, um pouco menos de irascibilidade acolá. Poderíamos ser exatamente quem gostaríamos de ser, não pelos meios tradicionais de disciplina e autocontrole, e sim pela mistura judiciosa de comprimidos. Isso, é claro, é exatamente o que o homem devasso quer ouvir. A única coisa que mudou desde que ele culpou o Sol, a Lua e as estrelas pelos seus desastres é que agora ele culpa a noradrenalina, a serotonina e o ácido gama-aminobutírico.

Essa ideia reducionista de que tudo se resume ao neurotransmissor, de que o excesso ou a escassez de um punhado de substâncias biológicas no cérebro supostamente é responsável por todos os nossos desastres, jamais deveria ter sido levada a sério. Aplainar e simplificar a imensa complexidade da nossa vida, reduzi-la à interação de alguns dos poucos neurotransmissores conhecidos, fez com que perto disso a frenologia do século XIX parecesse sofisticada. Einstein, é bom lembrar, afirmou que as explicações deveriam ser o mais simples possível, mas não mais simples que possíveis, e talvez o desejo da ilusão de compreensão seja em geral maior que o desejo de compreensão em si. As pessoas acreditavam porque queriam acreditar; daí em diante haveria felicidade e sucesso até o fim.

De qualquer maneira, os rumores de grandes avanços na compreensão logo vazaram para a população geral, que desenvolveu grande apetite por drogas de autoajuda.

No caso, todas as reivindicações feitas em defesa dos ISRSs não só eram falsas, eram mentiras deliberadas, apesar de algumas o serem apenas por inferência (e isso é mais efetivo não só porque elas podem ser repudiadas quando expostas, mas porque o implícito é sempre muito mais efetivo que o explícito). Era verdade que os ISRSs eram mais seguros que as drogas antigas, apesar de não serem completamente seguros, e em geral tinham menos efeitos colaterais do que elas; mas no fim tinham efeitos colaterais que não eram aparentes logo de início – por exemplo, na retirada da droga –, fato conhecido por alguns, mas suprimido pelos fabricantes.

E não eram tão eficazes quanto os antidepressivos como alegavam. Entre os meios utilizados pelas empresas farmacêuticas para esconder a ineficácia, a publicação seletiva dos resultados dos testes era um grande favorito. As empresas patrocinavam testes dos seus produtos, mas se os resultados fossem negativos ou medíocres, não eram publicados, só eram publicados os resultados favoráveis. Assim, em teoria, provava-se que qualquer coisa poderia curar qualquer doença contanto que alguns testes fossem feitos; pois um ou dois gerariam resultados positivos por puro acaso; e se os resultados negativos fossem suprimidos (isto é, deliberadamente não publicados), enquanto os resultados positivos eram propagados no exterior, uma impressão enganosa de eficácia do tratamento estaria criada. E foi assim com os antidepressivos novos, talvez de maneira não tão extrema. Os médicos eram sistematicamente enganados pelas empresas farmacêuticas para acreditarem que os ISRSs eram mais eficazes do que são por meio da supressão de dados desagradáveis.

Pouco importava que mal funcionassem: as vendas eram fenomenais. Um décimo dos adultos em muitos países ocidentais agora toma essas drogas, e recentemente eu soube que, em algumas cidades da Inglaterra onde a taxa de desemprego permanece alta anos depois da desindustrialização, essa proporção chega a um sexto. Aqui podemos nos compadecer não só das pessoas, mas também do médico que cuida delas. Elas não são muito instruídas, não são dotadas de inteligência excepcional, e sua vida social foi esmagada pelas circunstâncias e pelas escolhas ruins; têm poucas habilidades ou perspectivas econômicas, não têm crenças ou interesses religiosos, intelectuais ou políticos, e só as crises acarretadas pela patologia social as distraem ou conferem sentido ou variedade ao desalento de sua existência. O médico, quase tão desesperado quanto elas, prescreve comprimidos por falta de outras opções; e sorte a dele: os rumores de que a infelicidade é um estado patológico gerado pela falta de equilíbrio químico no cérebro alcançaram até mesmo essas regiões precárias. O homem poderia ser definido como o único animal suscetível a responder ao efeito placebo – vale lembrar que essa resposta por parte do médico é muitas vezes maior que a do paciente. Como ele fica aliviado quando sente que *fez alguma coisa* ao prescrever uma droga que ele sabe muito bem que tem uma chance muito pequena de ser bem-sucedida!

A quantidade de transtornos para os quais os ISRSs eram prescritos, alguns inventados sob medida para essas drogas, foi gradualmente aumentando até parecer que toda a miséria humana podia ser tratada como erros no metabolismo cerebral da serotonina. Infeliz? Come em excesso? Tímido nas festas? Tome Prozac ou um de seus similares.

Não é de surpreender que, se toda pessoa no mundo ocidental (de acordo com o *Manual Diagnóstico e Estatístico*) sofre em média dois transtornos psiquiátricos por ano, e dada a aceitação sem crítica da teoria do desequilíbrio bioquímico de transtorno mental, um quinto da população dos Estados Unidos atualmente tome um medicamento psicotrópico de algum tipo. Isso pode ser descrito como o triunfo do marketing sobre a consciência da dimensão trágica da vida; a insatisfação é permanente e é condição arraigada da humanidade por causa dos desejos conflituosos e incompatíveis no coração humano. Já com as crianças, nunca é cedo demais para começar a drogá-las.

Capítulo 7

Creio que não há necessidade de apontarmos novamente a conveniência de uma hipótese neuroquímica de infelicidade e conduta indesejável para aqueles que buscam "responsabilizar uma estrela por sua devassidão". Em outras palavras, não sou eu, são meus neurotransmissores.

Ou possivelmente meus genes. De tempos em tempos, com grande fanfarra os cientistas anunciam que o gene para este ou aquele traço de comportamento foi encontrado: o gene do comportamento agressivo, da avareza, da promiscuidade sexual, do alcoolismo ou da dependência química, e por aí vai. O trabalho experimental deixa de ser reproduzido, apesar de esse fracasso receber muito menos proeminência na imprensa que a fanfarra original, o que deixa no público a impressão de que houve um grande progresso na explicação do comportamento humano. A impressão é fortalecida pelo fato evidente de que as pessoas nascem com determinado temperamento – por exemplo, exuberante ou reservado – e de que às vezes ele é claramente herdado dos pais, genética ou culturalmente.

Seria surpreendente se os genes não tivessem influência alguma sobre o caráter e, portanto, sobre o comportamento. O homem é programado para aprender a língua, por exemplo. Mas ser programado para aprender a língua não é o mesmo que ser programado sobre o que dizer, e neste caso há muitas influências em ação, incluindo as que são únicas do indivíduo que fala. O fato de a língua ter regras não significa que o número de coisas que podem ser ditas é finito, assim como o fato de algumas afirmações ser incompreensíveis e sem sentido não reduz o número possível de significados que podem ser expressos. "Sobre aquilo de que não se pode falar, deve-se calar", disse Wittgenstein; mas a infinidade de coisas que podem ser ditas de qualquer maneira, e do que efetivamente é dito, é um dos motivos pelos quais existe a crença de que nunca haverá uma explicação completa do comportamento humano, pelo menos se reconhecermos que o que os homens dizem é parte importante e até mesmo determinante do seu comportamento.

Vamos usar a dependência química como exemplo. Parece haver uma leve propensão genética para isso, revelada pelos estudos de gêmeos idênticos comparados com outros irmãos. Mas isso não explica as enormes variações ao longo do tempo no índice desse tipo de dependência. Na Grã-Bretanha a taxa de dependência de heroína já foi tão baixa que, até 1966, não parecia um problema grave para Lorde Brain, grande neurologista contratado pelo governo do país para investigar a extensão e recomendar políticas públicas. Existia um sistema para o registro de dependentes; quando se registravam, recebiam uma prescrição gratuita de heroína, paga com recursos públicos. Na década de 1950, havia menos de cem dependentes registrados; embora, é claro, os números reais possam ter sido subestimados, a realidade era bem próxima disso, já que os dependentes tinham todos os motivos para se registrar. Na Grã-Bretanha de hoje o número de dependentes de heroína está entre 250 mil e 300 mil; metade injeta a droga, metade fuma. A genética não explica a mudança, por mais que explique parcialmente (e apenas parcialmente) por que a pessoa A ouve mais o canto da sereia da droga do que a pessoa B em circunstâncias semelhantes.

Do mesmo modo, nos Estados Unidos a genética não consegue explicar o repentino aumento do número de mortes resultantes de overdose de derivados de ópio prescritos, usados geralmente em conjunto com outras drogas – foram cinco desde a virada do milênio; ou por que, na cidade de Nova York, o índice de mortes dessa natureza subiu de 0,39 por 100 mil habitantes em 1990 para 2,7 por 100 mil em 2006, uma taxa sete vezes maior; ou por que, na mesma cidade, as mortes resultantes de overdose de heroína subiram 71% entre 2010 e 2012.

É claro que também as quedas precisam ser explicadas, assim como os aumentos. Depois do estabelecimento da República Popular da China em 1949, o vício do ópio declinou rapidamente por um motivo muito simples. Mao Tsé-tung ameaçou os dependentes com punições a altura se não concordassem em se "recuperar". A maior parte dos dependentes *optou* pela recuperação; nenhuma pesquisa de genoma foi necessária para explicar isso. Na França está havendo um declínio impressionante no número de acidentes fatais no trânsito, em parte porque a polícia reforçou a lei contra dirigir embriagado. Outros fatores que contribuem para isso são carros mais bem projetados, tratamento melhor e mais rápido de traumas e a severidade das leis sobre limites de velocidade, nenhum deles relacionado ao genoma. Na Grã-Bretanha, o declínio – bem-vindo ao menos – foi ainda mais drástico: a taxa de mortalidade nas estradas caiu pela metade entre 2000 e 2012, já tendo se reduzido pela metade entre 1960 e 2000, isso apesar do enorme aumento no tráfego de veículos. Qualquer tentativa de explicar esses fenômenos pela genética ou por mudanças na neuroquímica seria uma insanidade. Além disso, apesar da queda de apenas 9% no consumo *per capita* de álcool entre 2007 e 2011, o número de pessoas indiciadas e condenadas por embriaguez ao volante nesse período teve queda de um terço, o que provavelmente refletiu a atual predominância na população de embriaguez ao volante, já que a taxa de acidentes fatais acompanhou *pari passu* os indiciamentos e condenações. Esses dados sugerem que, não obstante o efeito do álcool nos neurotransmissores (que presumivelmente permaneceu o mesmo entre 2007 e 2011) e a quase constância do genoma na população, o comportamento influenciado pelo álcool mudou significativamente por algum outro motivo (talvez pelo medo de perder a carteira de habilitação nestes tempos de incerteza econômica), e esse motivo é imbuído de *significado*. A desconexão entre o consumo de álcool e a conduta não deve surpreender ninguém, pois o fato é que em cada país a população se comporta de modo diferente sob influência do álcool. Os níveis de agressividade variam, como apontaram Craig MacAndrew e Robert B. Edgerton há quarenta anos no livro lamentavelmente esquecido *Drunken*

Comportment (Comportamento Embriagado). As diferenças encontradas nos neurotransmissores ou no genoma não explicam isso; tentar analisar o comportamento humano com base nos genes e na química é igualar o ser humano a uma drosófila, a mosca-das-frutas favorita dos geneticistas por ser de rápida reprodução e fácil manutenção.

Periodicamente, com a monotonia do tique-taque do relógio, as explanações genéticas do comportamento criminoso voltam à moda, talvez porque a criminalidade é tão irritantemente complexa e porque é melhor ter uma explicação, mesmo que falsa. Não vou tratar aqui da teoria de Émile Durkheim de que a sociedade precisa de determinado número de criminosos, cuja serventia é aumentar a solidariedade social no resto da população, um "eles" que se opõe ao nosso "nós"; basta dizer que a sociedade parece ter sempre mais criminosos do que na verdade precisa, e creio que jamais se agradeceu a um criminoso o aumento de solidariedade social causado por seus estragos e nunca nenhum criminoso deu entrada num processo no judiciário com tal alegação como atenuante de sua conduta. Tampouco tratarei dessa espinhosa questão porque ela muda constantemente, em especial agora, quando as legislações acrescentam crimes aos seus estatutos como meninos colam figurinhas em álbuns, de tal modo que o cidadão comum não tem como respirar sem inconscientemente cometer um crime. O fato é que, para a grande maioria, crime ainda significa furto, roubo, agressão e assassinato.

Essas atividades são hereditárias, determinadas nos genes? As tentativas de provar isso são incomensuráveis; e uma plausibilidade inicial é conferida à ideia de que a criminalidade do tipo que mencionei é uma fatalidade biológica pelo fato de se concentrar muito claramente em determinado setor da sociedade. O roubo não ocorre nas famílias, e sim nos bairros.

Cesare Lombroso, médico italiano e criminologista, acreditava ser o crime uma degeneração hereditária; o movimento eugenésico como um todo, apoiado por intelectuais ilustres como Bernard Shaw, H. G. Wells e o bioestatístico socialista Karl Pearson, acreditava implicitamente na hereditariedade como fator do comportamento criminoso. Em 1929, Johannes Lange publicou o livro *Crime as Destiny: a Study of Criminal Twins* (J. B. S. Haldane, geneticista marxista, o descreve no prefácio da tradução em inglês como uma "obra-prima da psicologia científica"). Nele estabeleceu que treze de dezessete pares de gêmeos idênticos tinham correlação de história criminal e apenas dois dos treze pares de gêmeos não idênticos eram correlatos. Em 1964, o renomado psicólogo H. J. Eysenck publicou *Crime and Personality*, em que alega de modo semelhante a influência predominante dos genes sobre o crime. Mais recentemente se alegou que o alto índice de homicídios nos Estados Unidos (em comparação com países da Europa Ocidental) se justifica pela presença na população de aproximadamente 10% de negros, que teriam a inclinação genética de ser mais violentos.

Ninguém alega, evidentemente, que a criminalidade é herdada da mesma maneira que as ervilhas de Mendel herdaram sua cor por meio de um único gene; mas para um comportamento complexo como a criminalidade ser hereditário – se for –, uma multiplicidade de genes deve estar envolvida, mesmo que eles não sejam determinados. Não é necessário saber precisamente quais são os genes responsáveis para saber que uma característica é herdada.

Vamos examinar um pouco mais essa alegação. Vale lembrar que a diferença entre as taxas de homicídio na Europa e nos Estados Unidos pode ser atribuída à proporção muito mais alta de negros nos Estados Unidos, pessoas geneticamente inclinadas a cometer homicídio. As estatísticas oficiais de homicídio, aliás, não podem ser confiáveis em nenhum sentido, mas já que todo mundo recorre a elas como se fossem confiáveis, farei o mesmo. O argumento a favor da hereditariedade como causa de crime e o argumento contra se baseiam em estatísticas como essa.

A primeira coisa a notar é que a proporção de negros na população dos Estados Unidos permaneceu mais ou menos constante ao longo do último século. Mas em 1900 a taxa de homicídios nos Estados Unidos era 1 por 100 mil da população, mais ou menos o que é na França e na Grã-Bretanha hoje (apesar de ser mais alta que nesses países naquela época). Até 1933, porém, a taxa tinha subido para 10 por 10 mil, e a proporção de negros na população manteve-se constante. Em 1940, tinha caído pela metade novamente; mas na década de 1970 e na de 1980 voltou para 10 por 10 mil. Desde então, caiu pela metade. Essas flutuações consideráveis nada têm a ver com a proporção de negros (ou com sua propensão para a violência) na população americana.

A redução recente é sem dúvida bem-vinda; mas devemos prestar atenção em mais um ponto. Recentemente foi publicado um artigo no qual se estimava que, se as mesmas técnicas cirúrgicas e de ressuscitação tivessem sido utilizadas em 1960, a taxa de homicídios seria cinco vezes maior do que é: ou seja, o índice de ataques homicidas é pelo menos 25 vezes mais alto agora do que era em 1900. Na verdade, deve ser mais alto que isso, pois houve muito progresso no tratamento de traumas entre 1900 e 1960 (em 1900, por exemplo, não havia transfusão de sangue ou outra substituição intravenosa de fluidos para tratar casos de choque). Vamos supor, o que é provável (certamente é uma estimativa modesta), que, se as mesmas técnicas cirúrgicas e de ressuscitação tivessem sido utilizadas em 1960 como o foram em 1900, a taxa de homicídios em 1960 teria sido duas a quatro vezes mais alta do que foi. Isso significa que a taxa de ataques homicidas hoje seria *cinquenta a cem vezes* maior do que foi em 1900. Se este é o caso, qualquer influência genética se tornará irrelevante diante de outros fatores, quaisquer que sejam.

Devo apontar que disso não se pode concluir que as pessoas nos Estados Unidos hoje têm cem vezes mais intenção homicida do que em 1900. O motivo é que o simples fato de as pessoas terem hoje muito mais probabilidade de ser salvas por intervenção médica do que em 1900 pode ter-se infiltrado na consciência comum (ou subconsciente) e assim ter alterado o comportamento rumo à livre expressão de impulsos violentos. Muitas outras explicações são possíveis; nem é completamente impossível que as pessoas tenham agora mais sentimentos assassinos do que em 1900. Pode haver muitas explicações para essa vasta mudança na sociedade americana (é possível traçar paralelos, e eu poderia dar outros exemplos), mas a genética não é uma delas.

A conduta humana complexa, portanto, incompreensível sem recurso ao significado, provavelmente nunca será explicada se o ponto de referência for um único gene; na melhor das hipóteses a genética pode explicar um pouco da variação *dentro* da população, mas não *entre* as diferentes populações (e por diferentes populações me refiro a diferentes no tempo e no espaço, pois é fácil ser provinciano a respeito do tempo da mesma maneira que se é sobre o espaço). Edward O. Wilson, sociobiólogo e grande especialista do comportamento das formigas, afirmou em seu livro *A Unidade do Conhecimento – Consiliência* que não vê motivo para a história humana não ser reduzida a leis biológicas; na verdade, ele espera tal redução para breve. Isso me parece tão possível quanto o fim da história de Francis Fukuyama, ideia que durou apenas alguns meses. Se o homem é um animal político, ele é também um animal histórico.

Capítulo 8

Outra fonte de evasivas, não incompatível com a neuroquímica, é estabelecida pela neurociência moderna; ou devo dizer *neurocientismo*?[1] Acredita-se atualmente que a nova tecnologia, que contribuiu enormemente para a prática da medicina,[2] nos oferece um salto quântico também na nossa autocompreensão. Os resultados dos escaneamentos cerebrais são vistos por grande parte da população com o mesmo deslumbramento supersticioso com que outrora se cultuavam virgens milagrosas e como a completa explicação do nosso mistério.

Contudo, o desejo de explicar sempre supera o reconhecimento do poder da explicação. A ilusão da compreensão é mais importante para a grande maioria dos seres humanos do que a compreensão em si; e o que conta hoje como compreensão será amanhã revelado como uma ilusão,

---

[1] No que se segue, devo muito aos argumentos do professor Raymond Tallis e da doutora Sally Satel, entre outros.

[2] Porém, não é completamente benéfico. O hábito de escanear os pacientes até que alguma coisa seja encontrada tornou-se generalizado quando há escâneres disponíveis. Se o que é encontrado no escâner é a causa da queixa do paciente é uma pergunta que muitas vezes nem é feita. Conheço um médico veterano e experiente que achava que o antigo hábito de examinar os pacientes se perdeu porque os médicos jovens simplesmente os colocam dentro do que ele chamava de "máquina de respostas".

muitas vezes tão grosseira que as pessoas se perguntarão como foi que alguém chegou a acreditar naquilo. Sucessivas gerações atribuirão a conduta antes considerada coisa do diabo a um incremento frenológico deficiente ou excessivo, a um complexo de Édipo mal resolvido, a um mau condicionamento, a uma química cerebral falha, a genes infelizes ou a uma parte do cérebro que se recusa a aparecer na ressonância magnética funcional quando apropriadamente provocada. A ilusão do entendimento é como o sorriso do Gato de Cheshire: é o que permanece quando todo o resto desapareceu.

Independentemente das sutilezas dos neurocientistas, o que o público entende por escaneamentos cerebrais é o seguinte: quando um sujeito (ou seria um objeto?) executa alguma tarefa e determinada parte do cérebro se acende como um farol, essa parte do cérebro é a "responsável" pela tarefa. Logo, se eu pensar na minha mãe e alguma parte do meu cérebro se acender (na verdade um fluxo sanguíneo médio passa por essa parte do meu cérebro, relacionada a outras partes, vista não em primeira mão, mas em enésima mão), muitos acreditarão ter sido encontrada a parte do meu cérebro em que residem meus pensamentos e emoções sobre a minha mãe. A rudimentaridade dessa crença é... eu ia dizer inacreditável, mas fazer isso é desconsiderar a longa história de credulidade deplorável da humanidade diante da autoridade; neste caso, a crença num maquinário aparentemente milagroso.

A tecnologia é inacreditável, e nos deslumbramos com a sua engenhosidade. Promete grandes coisas, pelo menos no tratamento da doença. Mas a ideia de que a tecnologia é uma janela direta para a alma do ser humano é ingênua, para dizer o mínimo, apesar de ser natural que as pessoas suponham que, quando se mostram a elas imagens do cérebro com trechos vermelhos (como realmente são), elas estão vendo ali se acender a faculdade mental em questão. E se uma parte do cérebro da pessoa cujo comportamento é anormal se acende de algum modo no escaneamento com mais ou menos brilho do que nas pessoas cujo comportamento é normal, *voilà* – o comportamento é doença neurológica, como a esclerose múltipla ou a doença neuromuscular. "Não fui eu, foi meu cérebro" será o clamor de todas as pessoas com desvios de comportamento que têm uma noção mínima do *Zeitgeist*, que é o que elas costumam ter. Isso pode ser dito acerca de todo e qualquer comportamento, mas disso ninguém se dá conta.

As expectativas em relação à neurociência já chegaram ao nível da mania das tulipas, e não só entre o grande público. A Universidade Vanderbilt, por exemplo, iniciou uma série de pesquisas sobre a correlação entre neurociência e legislação. O objetivo é fazer com que os escâneres sejam capazes de esclarecer questões como a capacidade de uma pessoa acusada de um crime – claro, um crime grave, não estacionar em local proibido – de se controlar e se comportar de maneira diferente. O pressuposto é que, se for possível demonstrar que a pessoa é neurologicamente deficiente no seu autocontrole, ela escapará da punição, já que será revelado que ela não tem a intenção dolosa inerente a quem comete um crime.

De fato, as consequências lógicas da abordagem não são tão liberais quanto se proclama, e são justamente tão pouco liberais quanto apontou C. S. Lewis antes de os escâneres se tornarem conhecidos. Remova a responsabilidade moral da lei, e o que resta é a sua aplicação técnica. Trata-se de uma deficiência neurológica? Se for, é passível de mudança? Se não, a detenção preventiva é admissível. Por que esperar que uma pessoa com essa deficiência cometa um crime? Por que não escanear todo mundo e segregar aqueles com defeitos nos campos do cérebro, da mesma maneira que Fidel Castro segregava os infectados com HIV?

É evidente que a lógica desagradável ou as consequências práticas de tal proposição não a tornam falsa. Uma descoberta pode ter um corolário torpe e continuar sendo verdadeira. Contudo, a ideia de que os escâneres um dia farão todas as nossas distinções morais para que não mais precisemos de reflexões morais é profundamente rasa (se é que raso pode ter profundidade). Trata-se de uma nova versão da visão utópica satirizada por T. S. Eliot quando ele afirma que os utópicos sonham com uma sociedade tão perfeita que ninguém terá de ser bom. Os neurocientistas sonham com um mundo tão neurologicamente saudável que ninguém precisará ser bom.

Responsabilidade não é só doença neurológica (apesar de não haver dúvida de que a patologia cerebral pode destruí-la). Não é uma *coisa*, um objeto físico que pode ser visto, uma suposição que vai encorajar as pessoas, pelo menos as que buscam sempre se eximir (a maioria de nós), a culpar não o seu cérebro, mas uma pequena parte dele pelo comportamento que precisa ser justificado. (A neurociência de dizer "por favor" e "obrigado" terá para elas interesse ainda menor.) O dia em que seremos capazes de colocar a pessoa num escâner e dele obter um impresso de circunstâncias atenuantes nunca chegará.

Capítulo 9

Mudanças nos escaneamentos cerebrais foram encontradas em dependentes de drogas. Daí o National Institute on Drug Abuse (Instituto Nacional de Abuso de Drogas) concluiu que a dependência química é doença cerebral crônica recidiva, e *nada além disso*. Na verdade, chegou-se a tal conclusão muito antes de os escaneamentos cerebrais demonstrarem qualquer coisa (já que não havia escâneres quando se chegou a essa conclusão na primeira vez), porque foi só definindo o vício como *doença* genuína, um cruzamento de artrite reumatoide com malária cerebral, que se conseguiu na época extrair dinheiro do Congresso para pesquisa. Dizer a este que a dependência é em menor medida um fenômeno fisiológico e que outros fatores contribuintes – histórico, econômico, cultural, legal e social – têm mais relevância seria impossibilitar o financiamento. Uma solução puramente técnica para o problema foi apresentada ao Congresso como viável acompanhada de muita pesquisa científica. Não se chegou a uma solução nem mesmo com todos os bilhões investidos.

Não é surpresa que é possível mostrar mudanças no cérebro dos dependentes químicos, a não ser que adotemos a perspectiva antiquada e insustentável de que o cérebro nada tem a ver com o comportamento. O cérebro dos motoristas de táxi de Londres, por exemplo, difere do cérebro dos habitantes londrinos que não são taxistas porque todo taxista domina uma das tarefas intelectuais mais formidáveis para mim (exigência para obterem a carteira de motorista), qual seja, o conhecimento topográfico e cartográfico completo das ruas malucas da cidade, de modo que possam imediatamente escolher a rota mais curta dentre todas. Mas isso não significa que as mudanças no cérebro indiquem que a causa é uma doença, muito menos recidiva e crônica, sobre a qual a pessoa supostamente não tem controle. Dirigir táxi não é doença.

Dependentes de heroína tomam a droga de maneira intermitente ao longo de dezoito meses em média antes de se tornar viciados. Demonstram persistência e determinação consideráveis em se tornar viciados, o que seria louvável se o objetivo fosse também louvável. E as evidências são bem claras: não obstante as mudanças cerebrais que possam ter, muitos dependentes permanentes desistem de modo espontâneo, a maioria graças ao antiquado método da reflexão. O filósofo americano Herbert Fingarette apontou em seu livro *Heavy Drinking* que existem experimentos que comprovam que até os alcoólatras crônicos muito bêbados (não existe dependência mais crônica) podem resistir à tentação de tomar mais uma dose se forem incentivados a isso. O problema é que raramente o incentivo existe.

Se um comportamento complexo como a dependência é doença cerebral crônica e recidiva (o que é complexo, porque implica não só tomar a droga, mas também encontrá-la), ninguém deveria ficar surpreso se os dependentes vissem a salvação numa bala de revólver mágica. Insinuar que existe ou que poderia existir uma bala mágica é intensificar o problema para os dependentes, uma vez que já são propensos ao autoengano, e é exatamente o que querem ouvir para que possam continuar sua autodestruição com a consciência limpa e com aquele senso de justiça que chega hoje em dia com a percepção de que se é vítima – vítima de doença cerebral crônica e recidiva, como revelaram os escaneamentos cerebrais.

É claro que quem cuida deles também precisa que eles sejam vítimas. Não é só uma questão de interesse financeiro: ver vítimas em todos os lugares é o *Zeitgeist*, é o que licencia as pessoas para que se comportem como quiserem e depois se sintam virtuosas. A virtude não se manifesta no comportamento, sempre tão entediante e difícil de controlar, e sim na atitude perante a vítima. Essa visão da virtude é sentimental e insensível, enjoativa e brutal: implica que aqueles que *não são* vítimas não merecem nossa empatia ou compreensão, só a nossa condenação. Logo, foi criada a dialética evitar/evadir, estabelecida entre a anarquia de um lado e a censura de outro, e esta última é precisamente a característica de ver vítimas em todos os lugares e eximi-las da responsabilidade pela situação em que se encontram.

Seja como for, a pesquisa que demonstra mudanças cerebrais nos dependentes e conclui que eles sofrem de doença cerebral crônica recidiva é perfeitamente calculada, intencionalmente ou não, para separar o ser humano da compreensão do papel que ele mesmo desempenha no seu comportamento. Isso o tornará (se ele acreditar nisso) superficial, auto-enganador, traiçoeiro, auto-obcecado e chato. A consequência natural será fazê-lo sentir-se menos inclinado a mudar o próprio comportamento, já que ele se sente persuadido a não mudar. Esse homem não precisa ser examinado, ele precisa examinar a si mesmo. Ao fazerem isso, muitas vezes as pessoas são auxiliadas pelo diálogo socrático, mas esse diálogo não é terapia e é vital que não seja profissionalizado ou pensado dessa maneira: assim que a palavra *terapia* é atribuída, o ciclo infernal começa de novo: "Eu mudaria se eu pudesse ao menos falar com Sócrates".

Não é preciso provar que a neurociência como instrumento da humanidade para compreender a si mesma foi superestimada e tacitamente vendida. Ela oferece a ilusão de uma compreensão, e não a compreensão em si. Ninguém espera que a existência humana seja em breve demovida de suas complexidades, dificuldades, perturbações emocionais, triunfos e desastres como resultado das descobertas da neurociência. O que é razoável esperar são avanços terapêuticos para um número limitado de distúrbios que possam reduzir muito do sofrimento, e não afetar os termos fundamentais que sustentam a vida humana.

Capítulo 10

Nos últimos anos, outra corrente de pensamento vem fluindo pelo grande rio das evasivas admiráveis, qual seja, o novo darwinismo, que alega ter sido bem-sucedida onde outras correntes fracassaram. Ao colocar a conduta do ser humano numa perspectiva evolucionista que a classifica na etologia (o estudo do comportamento animal), os darwinistas acreditam que chegaram ao âmago do nosso mistério. Eles podem, é claro, formar alianças com os neuroquímicos e geneticistas, principalmente com estes últimos; mas acreditam que, graças ao retorno aos grandes princípios da seleção natural e da luta pela existência, finalmente explicaram o que sempre foi inexplicável.

Seus escritos, contudo, são muitas vezes risivelmente rudimentares (apesar de raramente alvo de piada); e a metafísica de homens muito inteligentes frequentemente faz a rudimentaridade dos não instruídos parecer sofisticação. Em seu prefácio para o livro de Richard Dawkins *O Gene Egoísta*, Robert Trivers, um dos mais importantes teóricos contemporâneos da evolução, escreveu:

> *Ideias tênues semelhantes têm sido reunidas para dar a impressão de que a teoria social darwiniana é reacionária em suas implicações políticas. Isto está muito longe da verdade. A igualdade genética dos sexos, por exemplo, foi, pela primeira vez, claramente estabelecida por Fisher e Hamilton. A teoria e os dados quantitativos provenientes dos*

insetos sociais demonstram que não há uma tendência inerente aos pais de dominarem sua prole (ou vice-versa).

Isso parece derivar de uma canção de Cole Porter – "as formigas, as abelhas, as vespas fazem, façamos, vamos fazer"... Mas o quê, exatamente? O que precisamos fazer para aprender com os insetos sociais? Criar uma colmeia? Rastejarmos pelo balcão da cozinha em busca de açúcar, como as formigas na minha casa na França? Mandeville publicou a sua *Fábula das Abelhas* em 1714, quando a orientação política ofertada pelas abelhas virou literal em vez de metafórica – o que demonstra que pode haver retrocesso intelectual tanto quanto progresso.[1] Não fosse a ignorância sobre a vida humana e a falta de bom senso, seria difícil superar essa passagem.

Aqui talvez valha apontar que a "igualdade genética dos sexos" mencionada por Trivers é enganosa, o indício de uma grande confusão. Os sexos não são geneticamente idênticos: se fossem, seriam o mesmo sexo. Os sexos de todas as espécies não são manifestamente determinados geneticamente para ser igualmente grandes ou igualmente fortes. Portanto, os sexos não são geneticamente iguais no sentido de ser idênticos. Mas qualquer outro tipo de igualdade é uma igualdade moral, e essa igualdade se baseia nos argumentos morais. Se a diferença biológica é moralmente relevante para, digamos, um tratamento político ou econômico diferenciado, trata-se de uma questão moral, e não há informação biológica que resolva.

Trivers, no mesmo prefácio, afirma que o estudo da evolução suscitou enormes aprendizados para a humanidade:

> A teoria social darwiniana nos dá uma ideia de uma lógica e de uma simetria subjacentes nas relações sociais, as quais, quando forem mais completamente compreendidas por nós, devem revitalizar nossa compreensão política e fornecer o apoio intelectual a uma ciência e medicina da Psicologia. Neste processo ela deve dar-nos também uma compreensão mais profunda das muitas origens de nosso sofrimento.

---

[1] "Anda, preguiçoso, olha a formiga, observa o seu proceder, e torna-te sábio: sem ter chefe, nem guia, nem dirigente, no verão, acumula o grão e reúne provisões durante a colheita." (Provérbios 6,6-8.) Apesar de Trivers ser antirreligioso, ele é literalista, pelo menos no que se refere a essa passagem bíblica.

O que ela não fará, contudo, é esclarecer as confusões de Trivers, que são manifestas e múltiplas: pois ou o desenvolvimento político e histórico humano se dá de acordo com as leis da evolução, ou não. Se ele se dá de acordo com as leis, conhecê-las não fará diferença, já que esse desenvolvimento se dará de qualquer maneira; e se não, conhecê-las não é o ponto. Isso me remete a um antigo dilema marxista entre o ativismo de um lado e os inelutáveis processos históricos de outro.

De acordo com Trivers (por dedução), Pope estava totalmente enganado ao asseverar que estudar a humanidade é estudar o ser humano; para ele, Trivers, o objeto do estudo da humanidade são as minhocas e as aranhas. Ora, eu seria a última pessoa a negar o fascínio gerado por todas as formas de vida na Terra, sobre as quais os neodarwinistas escrevem com paixão e *insight*; mas a ideia de que posso decidir pegar o ônibus das 9:45 até a estação a fim de tomar o trem das 11:45 e arriscar gastar uma hora na estação ou pegar o ônibus das 10:45 e arriscar perder o trem por completo examinando a vida de lagartixas ou sapos (apenas duas da quase infinita variedade de criaturas que eu poderia considerar para gerar uma resposta para o meu dilema) é simplesmente ridícula. E saber qual ônibus pegar é apenas um dos meus problemas mais simples.

A crença evidente de Trivers de que a nossa teoria da evolução carrega a solução para o nosso sofrimento (se não, por que trazer o assunto à tona?) é um convite para um infinito retrocesso numa argumentação *ad hominem*, ou melhor, uma argumentação *ad bestias*, isto é, uma investigação prolongada das origens biológicas de uma proposição em vez do exame das evidências a seu favor: pois se pudéssemos proceder diretamente para estas últimas, as anteriores seriam desnecessárias e irrelevantes.

Trivers ainda era relativamente jovem quando escreveu o prefácio de *O Gene Egoísta*, e todos nós dizemos ou escrevemos coisas tolas quando somos jovens. No seu livro que trata das origens biológicas da propensão de mentir, *The Folly of Fools— The Logic of Deceit and Self-Deception in Human Life*, publicado em 2011 (para mim, Trivers é o emblema de toda uma escola de pensamento, e não por outro motivo), o prefácio começa assim:

> Chegou o momento da teoria geral do engano e autoengano baseada na lógica evolucionária, a teoria que a princípio se aplica a todas as espécies, mas principalmente à nossa.

Em outras palavras, o homem é prisioneiro da sua biologia: o *Staphylococcus aureus* pode ter escolhas, mas não o ser humano. A sátira aqui não dá conta. Tampouco se trata de um lapso; pelo contrário, Trivers é totalmente impreciso no seu raciocínio. Nas primeiras páginas do seu livro aprendemos, por exemplo, que o engano "sempre assume um papel de liderança na vida, enquanto a descoberta do engano vem logo atrás". Porém, o seu conceito de engano (que aliás depende logicamente da possibilidade de dizer a verdade ou não) é solto e desleixado:

> Quando afirmo que o engano ocorre em todos os níveis da vida, quero dizer que os vírus o praticam, assim como as bactérias, as plantas, os insetos e muitos animais. Está em todos os lugares. Até mesmo dentro do nosso genoma o engano se desenvolve enquanto os elementos genéticos egoístas fazem uso de técnicas moleculares enganosas para se super-reproduzir à custa de outros genes.

O trecho ilustra a característica comum dos neodarwinistas: o seu quase pan-psiquismo, ou a sua atribuição de propósitos e metas para objetos químicos quase inanimados como vírus e genes. Para eles, o único aspecto do Universo que não tem metas e propósitos – de fato é misteriosamente desprovido de função, considerando a duração do tempo de evolução necessário para surgir, e é para a psicologia humana o que o apêndice representa para o sistema digestivo humano, isto é, redundante – é a consciência humana, pois Trivers afirma:

> A neurofisiologia demonstra que após o fato a mente consciente é um observador, enquanto o comportamento em si é geralmente iniciado de maneira inconsciente.

Chegamos à psicologia caixa-preta dos behavioristas, só que desta vez não há por que prestar atenção ao conteúdo da consciência (justamente o que traz significado para a vida humana), já que se trata de um epifenômeno, e é para as causas reais o que o boxe-sombra é para a luta de campeonato de boxe. Ela evoca a possibilidade do ser humano de se comportar exatamente da mesma maneira estando inconsciente e consciente, não como exceção, mas como regra, enquanto todos aqueles vírus e genes espertos têm a *intenção* de enganar – pois onde não existe intenção não pode existir engano.

Como neodarwinista típico, Trivers faz de uma analogia uma hipóstase e a transforma numa coisa existente. Não há diferença essencial para ele entre o HIV "que muda as suas proteínas de revestimento com tanta frequência que montar uma defesa duradoura é quase impossível", de um lado, e as tramoias de Bernie Madoff de outro: ambos são um logro. Bernie Madoff enganou seus clientes por meio de vários estratagemas, incluindo a oferta (em retrospecto, ridícula e impossível) de retornos financeiros excelentes, regulares, mas não espetaculares com o dinheiro deles, de tal forma que seria um privilégio para os clientes permitir que Madoff ganhasse esse dinheiro por eles; já os "vírus e as bactérias muitas vezes enganam ativamente para conseguir entrar em seus hospedeiros... imitando partes corporais para que não sejam reconhecidos como intrusos". São igualmente enganosos. Mas, com esse tipo de argumento, quase tudo pode ser qualquer outra coisa. A diferença principal entre os vírus e o senhor Madoff é que os vírus sabem o que estão fazendo. São eles, e não o senhor Madoff, que deveriam estar na prisão.

Trivers afirma que o engano e o autoengano, produtos puros da evolução, nos levam a "racionalizar o comportamento imoral". Em outras palavras, fica claro no seu livro que ele tem noção de certo e errado (em desacordo com o que pensa o resto do mundo, a julgar pela sua dedicatória à memória de Huey Newton), o que significa – ou pelo menos *deve* significar – um dilema insolúvel para ele. Se a evolução não tem direção ou propósito e é um fenômeno natural que tudo explica, o comportamento humano simplesmente é, não é moral nem imoral; se por outro lado é moral ou imoral, o processo de evolução ou é dirigido por uma inteligência moral no sentido de uma moralidade maior (justamente a perspectiva da qual os neodarwinistas querem escapar), ou o processo de evolução não explica tudo e leva a alguma coisa que lhe escapa, e assim como um foguete escapa da atmosfera da Terra, assim escapam as tais concepções humanas de moralidade.

As tentativas dos evolucionistas (e neurocientistas) de fundamentar a moralidade na evolução remetem às tentativas de Marx de fundamentar a moralidade nos processos alegadamente inelutáveis da história. Como os marxistas, os evolucionistas constantemente confundem as supostas origens de uma crença ou conduta com a sua justificativa ou a falta dela. São como a pessoa que prefere colocar o indivíduo num escâner para estabelecer que, quando ele diz que dois mais dois são quatro, dois mais dois *realmente* são quatro. Como Samuel Johnson afirmou, o argumento será invalidado apenas pelo argumento.

A despeito do grande brilhantismo intelectual dos neodarwinistas, suas ideias, ao menos a respeito da vida humana, servem muitas vezes de base para uma rudimentaridade inacreditável. Escrevem como pessoas que sabem que os humanos existem mas que nunca tiveram contato com nenhum. Trivers, por exemplo, diz:

> Neste livro, adotamos uma abordagem evolutiva do assunto. Qual é a vantagem biológica para o praticante do autoengano, a vantagem que gera efeitos positivos na sobrevivência e na reprodução? Como é que o autoengano nos ajuda a sobreviver e se reproduzir – ou um pouco mais precisamente, como é que ajuda nossos genes a sobreviver e se reproduzir?

Ora, de acordo com os neodarwinianos, essa é uma pergunta que deve ser feita a respeito de todo e qualquer comportamento humano, e a seleção natural é, segundo Daniel Dennett, a pedra filosofal intelectual que une o "domínio da vida, significado e propósito com o domínio do espaço e tempo, causa e efeito, mecanismo e lei física". Em essência, a única pergunta que deve ser feita a respeito da existência humana é: como ela ajuda os genes a sobreviver em maior número? As tramoias do senhor Madoff serviram para tirar vantagem numérica dos genes que temporariamente pegaram carona com ele, mas também o levaram a se comportar da maneira como se comportou – e os genes dos detetives que o pegaram se comportaram do mesmo jeito. Não existe serventia alguma em averiguar, como fato empírico, se o senhor Madoff teve mais filhos que os detetives que ajudaram a acabar com a sua carreira reprodutiva, porque é claro que podemos estimar a sobrevivência do gene, não a sobrevivência de invólucros organísmicos conhecidos por pessoas ingênuas e biologicamente desinformadas como... bem, pessoas. E os genes que levaram Madoff a enganar inúmeras pessoas podem ter sido bem-sucedidos, apesar da sua longa sentença de prisão, ao passo que os genes dos pobres detetives estão condenados à extinção.

Isso tudo é tão absurdo que nem precisa ou merece ser refutado. Mas podemos facilmente enxergar que esse tipo de baboseira, com sua cortina de fumaça de elaboração e sofisticação, serve para diminuir as dores da responsabilidade do homem sobre si mesmo de maneira individual e coletiva, e que essa é mais uma evasiva admirável do homem devasso que responsabiliza uma estrela por sua devassidão.

É o que a psicologia inevitavelmente suscita: evasivas e mais evasivas.

Capítulo 11

Não estou afirmando, é claro, que as terapias psicológicas ou farmacêuticas nunca ajudaram ninguém, embora as teorias em que se fundamentam sejam provavelmente equívocos completos (bruxos ou exorcistas podem até curar, mas isso não significa que os espíritos, fantasmas e demônios que eles alegam ter erradicado existiram de fato). Usadas de maneira seletiva e discriminada, podem ser muito úteis para indivíduos escolhidos a dedo. Infelizmente, a natureza megalomaníaca da maioria das profissões modernas que "cuida" das pessoas alegando competência e domínio de assuntos que estão além do alcance da compreensão técnica ou da solução acaba subvertendo qualquer modéstia residual, realismo ou julgamento que poderiam ainda ter. Nenhum profissional diz, como o médico em *Macbeth*:

Para isso deve o doente
achar os meios.

E, logo, nenhum paciente responde:

Então atira aos cães a medicina. Não quero saber dela.

Mas eles continuam nessa busca de ajuda, não importa quantas vezes uma ajuda verdadeira deixe de ser dada. No exato momento em que eu escrevia, recebi pela internet um artigo do *The New York Times* a respeito de meninos arruaceiros e violentos. O artigo descreve o drama dos pais, por sinal terrível:

> Não há diagnóstico que sirva, ou droga que traga algum alívio, e se o jovem recusa a simples ideia de psicoterapia, há pouca chance de melhora duradoura.

Mesmo assim espera-se que seja possível uma solução técnica, que é até exigida como um direito.

Não desejo aqui negar que os psicólogos realizaram muitos experimentos intrigantes e engenhosos. Mas o efeito geral do pensamento psicológico na cultura e na sociedade, eu insisto, tem sido esmagadoramente negativo, já que dá a falsa impressão de um aumento enorme no autoconhecimento humano que nunca foi alcançado, encoraja a evasão da responsabilidade ao transformar sujeitos em objetos pelos quais supostamente se responsabiliza ou que lhe interessam como experiências subjetivas e torna raso o caráter humano porque desencoraja o exame de si mesmo e o genuíno autoconhecimento. É sentimentalista e promove a pior autocomiseração, pois torna o ser humano vítima de seu próprio comportamento (com exceção dos bodes expiatórios), exatamente como afirma Edmundo em *Rei Lear*.

A psicologia se dedica à busca do seu santo graal, as novas predominâncias esféricas, influências planetárias e divinas imposições que supostamente explicam a nós para nós mesmos, a eles para nós e a nós para eles.

Vamos refletir sobre alguns dos mais fascinantes experimentos psicológicos já feitos, os de Stanley Milgram, publicados em seu justificadamente famoso livro *Obediência à Autoridade*. Solicitava-se a pessoas comuns que administrassem, sob a orientação do experimentador, eletrochoques numa pessoa supostamente comprometida em aprender alguma tarefa. Quando o sujeito errava, recebia o suposto eletrochoque, e a voltagem aumentava a cada erro sucessivo. Milgram descobriu que a maioria das pessoas comuns, tementes a Deus, administrava choques tão severos que, se fossem reais e não simulados, como era o caso, teriam matado o sujeito sob experimento. O livro pode ser lido quase da mesma maneira que um *thriller* sofisticado.

Eu, por acaso, fui contratado por uma revista para escrever um artigo sobre o livro no seu trigésimo aniversário de publicação. Levei-o comigo num voo da Inglaterra para a Irlanda e sentei ao lado de uma assistente social irlandesa. Ela viu o título do livro, que ela não havia lido, e me disse que sempre fora contra todas as formas de autoridade, por ser de um país ainda sob o domínio pesado do controle social, político e econômico da Igreja Católica.

– Então você é contra toda e qualquer autoridade? – repeti.

– Sim, ela respondeu.

– Então você não vai se importar se eu entrar agora na cabine do piloto e assumir a direção deste avião?

– Não me refiro a esse tipo de autoridade.

O que ela quis dizer, evidentemente, é que ela era contra a autoridade excessiva ou opressiva. Não precisamos de experimentos que nos provem que a autoridade excessiva é prejudicial, mas basta um minuto de reflexão para demonstrar a necessidade da autoridade. Ter o equilíbrio certo – e certo é uma categoria moral não encontrada, aliás, em faixas vermelhas de escaneamentos cerebrais – é difícil. As descobertas experimentais de Milgram não nos horrorizam, nem mesmo nos interessam, pois já estamos convencidos de que aplicar choques em estranhos até que morram é errado.

Os experimentos de Milgram causaram surpresa em virtude da quantidade inesperadamente alta de pessoas aparentemente dispostas a aplicar eletrochoques perigosos e potencialmente fatais em estranhos sob as ordens de um pesquisador de jaleco. Mas as lições a tirar disso e a sua aplicabilidade na vida real, além da situação experimental, não são claras. Que a autoridade pode muitas vezes ser usada para maus propósitos é a experiência comum da humanidade, assim como é, talvez menos frequentemente, o seu oposto, que com frequência é utilizado para o bem. Pode mudar de um para o outro; o que começa como um bom e legítimo propósito se torna ilegítimo ou ruim. Alguns impostos se justificam, mas nem todos. Não é examinando minuciosamente a psicologia que se esclarecerá qual é qual.[1]

---

[1] O fato de eu não ter uma inequívoca metafísica moral não significa que a psicologia pode vir correndo para preencher a lacuna.

Quanto mais examinamos o experimento de Milgram, menos certeza temos de que podemos deduzir ou concluir algo que não deduziríamos ou concluiríamos de outro lugar, de maneira peremptória, meramente considerando um pouco de história ou literatura. Excetuando instâncias específicas, a psicologia não contribuiu em nada para o autoconhecimento humano, e fez até o oposto; pois ao se meter entre o ser humano e o que Samuel Johnson chamou de "movimentos da sua própria mente", ela atua como um obstáculo ao genuíno (ainda que muitas vezes doloroso) exame de si mesmo.

A literatura não faz isso. É claro que nem toda literatura é um apoio para o autoconhecimento, e muitas obras promoveram a tolice ou geraram más ideias, mas até mesmo isso é geralmente sugerido e não inculcado diretamente por uma doutrina fátua.

Darei dois exemplos da literatura que nos auxiliam a compreender mais profundamente nossa própria existência e a das pessoas que nos cercam. Uso-os não porque sejam os melhores exemplos possíveis, mas porque são o que imediatamente me vem à cabeça. O primeiro é uma passagem de *Rei Lear* que já citei. Lear em sua loucura afirma:

> *Oficial velhaco, suspende tua mão ensanguentada!*
> *Por que chicoteias essa prostituta? Desnuda tuas próprias costas.*
> *Pois ardes de desejo de cometer com ela o ato*
> *Pelo qual a chicoteias.*

Essas palavras, escritas há quatrocentos anos, ilustram a maneira como podemos – não devemos – projetar sobre os outros nossos fracassos e malevolências, atribuindo a eles nossos desejos ilícitos ou pensamentos secretos. Ao negarmos veementemente que aqueles desejos são nossos, temos o que os freudianos chamam de formação de reação, um ódio exagerado ao objeto do nosso desejo, que pode levar à crueldade pelo excesso de zelo. E certamente todos nós temos familiaridade com a negação veemente do que em segredo sabemos ser verdade. A dificuldade é que a veemência não é *necessariamente* um sinal dessa negação, apesar de poder ser e muitas vezes ser. Exame honesto de nós mesmos e apreciação aguçada (apesar de falível) dos outros é o que é necessário para fazer a distinção entre as duas possibilidades. Nada neste sentido mudou desde a época de Shakespeare; o poeta nos oferece a compreensão sem nos prover uma desculpa para a nossa própria conduta; pelo contrário. Quatro linhas de Shakespeare valem muitos livros de Trivers.

Meu segundo exemplo é de *Rasselas*, conto filosófico de Samuel Johnson que, apesar de ter sido escrito em alguns dias para pagar o tratamento médico da sua mãe doente (acabou pagando o funeral), não perdeu nada da sua sabedoria no quarto de milênio desde sua publicação. Como disse Francis Bacon, "a leitura torna o homem completo, a conversa preparado, e a escrita justo", e Johnson era os três.

Rasselas, príncipe da Abissínia, viaja pelo mundo buscando um estilo de vida perfeito. Cada lugar que visita parece muito promissor, mas ao examinar mais atentamente ele percebe que cada lugar e cada condição humana têm seus malefícios, desvantagens, descontentamentos e inconsistências. No Cairo, Rasselas encontra um professor de filosofia que eloquentemente prega o nobre estoicismo.

> Ele mostrou, com sentimentos fortes e muita ilustração, que a natureza humana é degradada e depreciada quando as faculdades inferiores predominam sobre as superiores; que quando a fantasia, parente da paixão, usurpa o domínio da mente, o governo ilegítimo perturba e confunde e trai as fortalezas do intelecto entregando-o aos rebeldes e incita seus filhos a sublevar a razão, o soberano legítimo. Comparou a razão ao Sol, cuja luz é constante, uniforme e duradoura; e a fantasia ao meteoro, de lustre transitório, irregular no movimento e ilusório na direção.

Rasselas fica profundamente impressionado:

[ele] o escutava com a veneração devida às instruções de um ser superior [...]

e ele conta a Imlac, seu guia durante a peregrinação:

"Encontrei [...] um homem que pode ensinar tudo aquilo que se deve saber [...]".

Imlac o adverte para que "não se precipite [...] em admirar os professores de moralidade ou neles confiar: eles discursam como anjos e vivem como homens".

Mas Rasselas é jovem e não escuta a advertência porque "não conseguia conceber como um homem podia argumentar tão forçosamente sem sentir a convicção dos seus próprios argumentos [...]".

No dia seguinte à prédica, Rasselas visita o filósofo na sua casa e o encontra desolado, pois "a minha filha, minha única filha, de quem, com sua ternura, eu esperava o conforto na minha velhice, morreu de febre ontem à noite". Ele continua: "Minhas perspectivas, meus propósitos, minhas esperanças chegaram ao fim [...]".

Rasselas, ainda imbuído do discurso, responde com a insensibilidade dos jovens:

> "Senhor [...] a mortalidade é uma condição que jamais deve espantar um sábio: sabemos que a morte nos ronda e portanto deve ser sempre esperada".

Ao que o filósofo responde com um *cri de coeur* que a Associação Americana de Psiquiatria deveria anotar:

> "Rapaz [...] você fala como quem nunca sentiu as pontadas da separação".

Rasselas persiste um pouco com o estoicismo racional que aprendeu aos pés do filósofo:

> "Você esqueceu os preceitos [...] que reforçou de maneira tão poderosa? A sabedoria não tem força para armar o coração contra a calamidade? Considere que as coisas externas são naturalmente variáveis, que a verdade e a razão são sempre as mesmas".

O filósofo responde:

> "Que conforto [...] a verdade e a razão podem me oferecer? De que servem neste momento, a não ser para me dizer que minha filha não voltará?".

Rasselas, depois da repreensão, "foi embora convencido do vazio do som retórico e da ineficácia dos períodos polidos e das frases estudadas".

O que Johnson capturou com brilhantismo é a dimensão inerentemente trágica da existência humana, dimensão que só a literatura (e outras formas de arte), mas não a psicologia, pode capturar, e que é vocação da psicologia negar e ocultar com o verniz da ciência. Sem uma apreciação da dimensão trágica, tudo é raso; e os que não a têm estão destinados a uma vida desagradável e bruta, se não necessariamente curta.

Índice Remissivo

A
Adler, Alfred, 45
Alcoolismo
    behaviorismo e, 31
    genética e, 69
    neurociência e, 78
Área de Broca, 34
Associação livre em psicanálise, abandono da disciplina, 20
Auden, W. H., 17, 21-22
Autoconhecimento
    literatura como fonte de, sem desculpas para a conduta, 94-96
    psicologia como obstáculo, 15-17, 91-94. *Ver também disciplinas específicas*
Autoestima e amor-próprio, 45
    julgamentos morais e, 48-50
Autoindulgência, psicanálise e, 22-24
Aversão e reforço. *Ver* Behaviorismo

B
Bacon, Francis, 95
Becoming Freud (Phillips), 26
Behaviorismo, 17
    autoestima e, 47
    negação sistemática do significado e, 30-36. *Ver também* Terapia comportamental cognitiva (TCC)
Blake, William, 23
Bradley, F. H., 33
Brain, Walter Russell, 68
Brewer, Dr. Colin, 38
Broca, Pierre Paul, 34
Burgess, Anthony, 31

C
Cabanis, Pierre-Jean-Georges, 16
Caráter
    Verdadeiro Ele e, 51, 54
    Verdadeiro Eu e, 50-51
Carbonato de lítio, 58
Comportamento criminoso
    genética e, 70-73
    Eu Verdadeiro e, 50-51. *Ver também* Responsabilidade moral; Punição terapêutica
Comportamento Embriagado (MacAndrew e Edgerton), 69-70

Comportamento social, base neurológica de, 35-36
Coriolano (Shakespeare), 48
Corte Europeia de Direitos Humanos, Punição terapêutica e, 53, 55
Coué, Émile, 37-38
Crime and Personality (Eysenck), 71

D
Dawkins, Richard, 83
Dennett, Daniel, 88
Dependência química
  escaneamentos cerebrais e, 75-78
  genética e, 68
Dependentes de heroína
  genética e, 68
  tempo de uso para o vício, 79
Depressão
  neuroquímica e, 58-63
  porcentagem de usuários de antidepressivos, 17
  vitimização e, 44-45
Derrame, lesão cerebral depois de, 34
Durkheim, Émile, 70

E
Edgerton, Robert B., 69
Efeito Werther, 39
Einstein, Albert, 63-64
Eliot, T. S., 77
Emerson, Ralph Waldo, 44
Engano, conceito de Trivers, 85-88
Esquizofrenia, falta de tratamento, 42
Estados Unidos
  mortes por causa de overdose de opioides, 68-69
  Paridade da Saúde Mental e de Isonomia da Dependência, Lei de, 41-42
  taxas de homicídio em, 71-72
Estímulo e resposta. Ver Behaviorismo
Eu Verdadeiro
  psicologismo e, 56-57
Eu Verdadeiro, comportamento e julgamento moral, 51-54
Evolução. Ver Neodarwinismo
Eysenck, H. J., 71

F
Fábula das Abelhas (Mandeville), 84
Fantasmas (Ibsen), 34
Ferimentos, consequências psicológicas dos, 40
Fingarette, Herbert, 80
Fobias, behaviorismo e, 32
Folly of Fools – The Logic of Deceit and Self-Deception in Human Life, The (Trivers), 85-88
Fournier, Alfred, 34
França
  declínio de acidentes automobilísticos na, 69
  projeto de lei que requer que os juízes estudem em detalhes as punições mais eficazes, 53
Franqueza, centralização em si mesmo e, 57
Freud, Sigmund, 17-20, 23-24, 29, 34

G
Gage, Phineas, 35-36
Gene Egoísta, O (Dawkins), 83, 85
Genética, 67-68
  comportamento humano e, 68-73
  igualdade dos sexos e, 84
Goethe, Johan Wolfgang von, 39
Grã-Bretanha, declínio nos acidentes de trânsito em, 69

H

Haldane, J. B. S., 70-71
Hamlet (Shakespeare), 62
Heavy Drinking (Fingarette), 80
"Hipótese da Catecolamina nos Transtornos Afetivos, A" (Schildkraut), 59-60
Homossexualidade, behaviorismo e, 31
Hume, David, 33

I

Ibsen, Henrik, 34
In Memoriam (Tennyson), 62
Inibidores seletivos de recaptação de serotonina (ISRSs)
    falsas alegações, 63-65
    regulação de humor e personalidade e, 58-64

J

Jerome, Jerome K., 38
Johnson, Samuel, 13, 88, 94
    Rasselas, 95-96
Julgamento moral
    Verdadeiro Eu e, 51-54
Julgamento. *Ver* Julgamento moral
Kramer, Peter D., 62-63

L

La Rochefoucauld, Duque de, 13, 39
Lange, Johannes, 70
Laranja Mecânica, A (Burgess), 31
Lei sobre a reincidência, na França, 56
Lei, punição terapêutica e, 55-56
    suposição de proteger o público, 56
Lewis, C. S., 55-56, 77

Literatura, como fonte de autocompreensão sem desculpas para a conduta, 94-96
Lomax, Montagu, 60
Lombroso, Cesare, 70
Luto, medicação e, 62

M

MacAndrew, Craig, 69
Macbeth (Shakespeare), 91
Macmillan, Malcolm, 35
Madoff, Bernie, 87, 89
Malleson, Andrew, 40
Mandeville, Bernard, 84
Manual Diagnóstico e Estatístico de Transtornos Mentais (Associação Americana de Psiquiatria), 42, 62, 65
Melancolia, 59-60, 63
Metafísica, 33
Milgram, Stanley, 92-94
Motivos para evitar, 43-44
    autoestima e, 48-50
Movimento eugenético, 70-71
Multiculturalismo e a evasão da responsabilidade moral, 44

N

Negros, taxa de homicídios e genética, 70-72
Nemmouche, Mehdi, 52
Neodarwinismo, evasão da responsabilidade e, 83-89
Neurociência, 16-17
    escaneamentos cerebrais e a evasão da responsabilidade moral, 75-78
    uma ilusão da compreensão, 81
    varreduras cerebrais e desequilíbrio químico, 79-81

Neuropatologia, comportamento social e, 35-36
Neuroquímica
 medicamentos de prescrição e reguladores de humor, 58, 65 (verificar aparece assunto)
 psicologismo e evasão da responsabilidade, 57-58
Neurose, falsa, 40

O
Opio, mortes por overdose, 68
Orgulho, autoestima e, 57
Ouvindo o Prozac (Kramer), 62-63

P
Paralisia geral do insano (PGI), 34
Paranoia, psicanálise e, 22
Paridade da saúde mental e isonomia da dependência, lei da, nos Estados Unidos, 41-42
Pascal, Blaise, 17, 39
Pearson, Karl, 70
Perda, medicamentos e, 61-62
Perdão
 do eu, 44-45
 pretensão da compreensão universal e, 15-16, 43-44
Phillips, Adam, 26
Popper, Karl, 24
Psicanálise, 17, 30
 autoestima e, 47
 autoindulgência e, 22-23
 e a demanda de paridade com doenças físicas, 41-45
 efeito nos analisados, 24-26
 efeito nos analistas, 23-24
 inadequações intelectuais de, 27-28

manual de diagnósticos reportados todo ano, 41-42, 65
 significados ocultos e, 22, 32
 superficialidade de, 19-26. *Ver também* Freud, Sigmund
Psicologia
 como obstáculo ao autoconhecimento, 15-17, 91-94. *Ver também disciplinas específicas*
 negação da identidade pessoal e, 33-34
Psicologia de, 50-51
Psicologia do Ele Verdadeiro e, 51-54
 a vaidade, 48
 nas psicoterapias, 47-48
 psicologia do Eu Verdadeiro e, 50-51
Psicologismo
 neuroquímica e, 57-58
 Verdadeiro Eu e, 56-57
Punição terapêutica, 53-54 (na página 53 aparece as palavras punição e pode sem espaços entre elas. Verificar, por favor), 55-56
Punição, ênfase no terapêutico, 53-56

Q
"Quem conhece o verdadeiro Mehdi Nemmouche?" (*Le Monde*), 52
Química cerebral. *Ver* Neuroquímica

R
Ramachandran, V. S., 16
Rasselas (Johnson), 95-96
Redenção cristã, doutrina do Verdadeiro Ele, e, 53
Redes sociais
 centralização em si mesmo e, 56-57
 trivialidade e, 22

Rei Lear (Shakespeare), 19, 21, 43, 50, 56, 94-95
Reincidência, punição terapêutica e, 56
Reivindicações científicas e de caráter, 14-18. *Ver também* Psicanálise
República Popular da China, declínio da dependência de ópio, 68-69
Responsabilidade moral
  evasiva da própria, 44
  Freud e a liberdade de, 83-89
  neurociência e evasão, 75-78
  sintaxe usada para se distanciar, 21
Responsabilidade. *Ver* Responsabilidade moral

S
Schildkraut, Joseph Jacob, 59-60
Shakespeare, William, 15
  Coriolano, 48
  Hamlet, 62
  Macbeth, 91
  Rei Lear, 19, 21, 43, 50, 56, 94-95
Síndrome de Cotard, 60
Sistema de responsabilidade civil, compensação de danos físicos, 40
Sistema de Seguridade Social, tratamento das doenças psicológicas e, 41
Skinner, B. F., 30-31
Sofrimentos do Jovem Werther, O (Goethe), 39
Suicídio, efeito Werther e, 39

T
Taylor, Barbara, 25-26
Tennyson, Alfred, Lorde, 62
"Teoria Humanitária da Punição, A" (Lewis), 55

Teorias do desequilíbrio químico. *Ver* Neuroquímica
Terapia comportamental cognitiva (TCC), 37-38
  autoestima e, 47
  modismos nos diagnósticos e, 38-40
Terapia de eletrochoque, 60
Transtornos alimentares, prevalência de, 39
Três Homens num Barco (Jerome), 38
Trivers, Robert e neodarwinismo, 83-89
Trivialidades, psicanálise e, 22

U
Unidade do Conhecimento – Consiliência, A (Wilson), 73

V
Vaidade, autoestima e, 48-49
Vanderbilt, Universidade, 77
Virtude, encontrada na atitude diante da vítima, não o comportamento, 80-81
Voltaire, 57

W
Walden 2 (Skinner), 30-31
Watson, John B., 29-30, 34
Whiplash and Other Useful Illnesses (Malleson), 40
Wilson, E. O., 72-73
Wittgenstein, Ludwig, 68

Do mesmo autor, leia também:

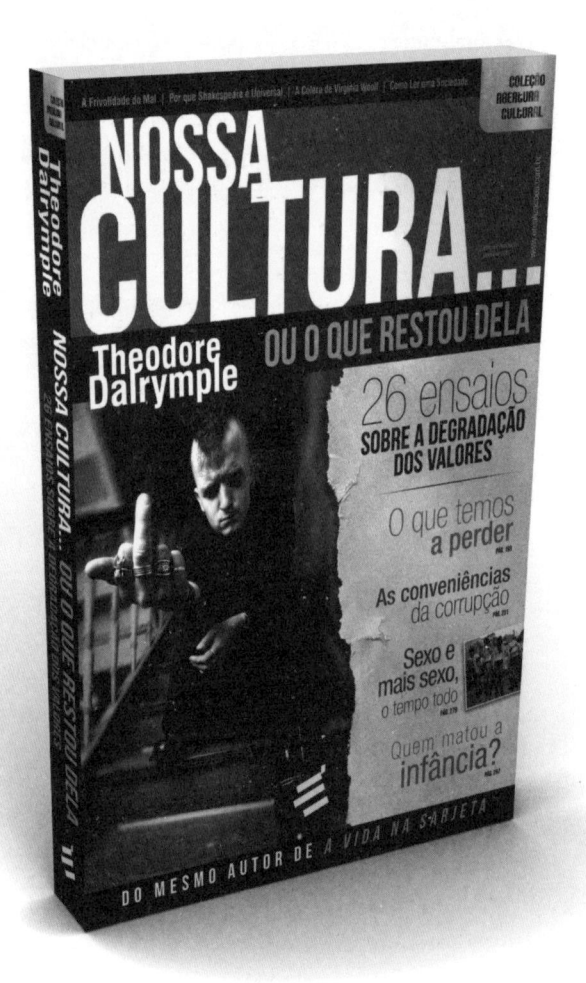

Quem são os formadores de opinião de hoje? Qual a relação entre a cultura pop e o estilo de vida dos jovens da periferia? Como a academia, o cinema, o jornalismo e a televisão têm influenciado os rumos de nossa sociedade? Theodore Dalrymple, com a lucidez que marca sua escrita, mostra como os "formadores de opinião" nem sempre estão certos do destino a que conduzem as massas.

Criminalidade, drogas, violência doméstica, relacionamentos, educação e política são alguns assuntos de que trata Theodore Dalrymple. A partir da narrativa de casos concretos – a mulher que matou seu marido e agressor, o viciado em drogas que muda de tom quando fala com uma autoridade ou as brigas de gangue nas boates londrinas –, o autor denuncia o discurso que legitima estilos de vida nocivos à sociedade e aos próprios indivíduos.

Você pode interessar-se também por:

O livro de Maurício Righi narra, a princípio, a formação de um crítico social e literário, nascido da prática médica nas enfermarias psiquiátricas da sarjeta inglesa: Theodore Dalrymple (pseudônimo de Anthony Daniels). A seguir, o autor orienta os leitores rumo ao diagnóstico que Dalrymple faz da cultura contemporânea: um mundo moral em ruínas.

facebook.com/erealizacoeseditora   twitter.com/erealizacoes   instagram.com/erealizacoes   youtube.com/editorae

issuu.com/e   erealizacoes.   atendimentozacoes.com.br